PINHOK™
LANGUAGES

Introduction

This Book

This vocabulary book is a curated word frequency list with 2000 of the most commonly used words and phrases. It is not a conventional all-in-one language learning book but rather strives to streamline the learning process by concentrating on early acquisition of the core vocabularies. The result is a unique vocabulary book ideal for driven learners and language hackers.

Who this book is for

This book is for beginners and intermediate learners who are self-motivated and willing to spend 15 to 20 minutes a day on learning vocabularies. The simple structure of this vocabulary book is the result of taking all unnecessary things out allowing the learning effort to solely be spent on the parts that help you make the biggest progress in the shortest amount of time. If you are willing to put in 20 minutes of learning every day, this book is very likely the single best investment you can make if you are at a beginner or intermediate level. You will be amazed at the speed of progress within a matter of just weeks of daily practice.

Who this book is not for

This book is not for you if you are an advanced learner. In this case, please go to our website or search for our vocabulary book which comes with more vocabularies and is grouped by topic which is ideal for advanced learners who want to improve their language capabilities in certain fields.

Furthermore, if you are looking for an all in one learning book that guides you through the various steps of learning a new language, this book is most likely also not what you are looking for. This book contains vocabularies only and we expect buyers to learn things like grammar and pronunciation either from other sources or through language courses. The strength of this book is its focus on quick acquisition of core vocabularies which comes at the expense of information many people might expect in a conventional language learning book. Please be aware of this when making the purchase.

How to use this book

This book is ideally used on a daily basis, reviewing a set number of pages in each session. The book is split into sections of 25 vocabularies which allows you to step by step progress through the book. Let's for example say you are currently reviewing vocabularies 101 to 200. Once you know vocabularies 101 to 125 very well, you can start learning vocabularies 201 to 225 and on the next day skip 101-125 and continue reviewing vocabularies 126 to 225. This way, step by step, you will work your way through the book and your language skills will jump with each page you master.

Pinhok Languages

Pinhok Languages strives to create language learning products that support learners around the world in their mission of learning a new language. In doing so, we combine best practice from various fields and industries to come up with innovative products and material.

The Pinhok Team hopes this book can help you with your learning process and gets you to your goal faster. Should you be interested in finding out more about us, please go to our website www.pinhok.com. For feedback, error reports, criticism or simply a quick "hi", please also go to our website and use the contact form.

Disclaimer of Liability

1 - 25

I	আমি (āmi)
you (singular)	তুমি (tumi)
he	সে (sē)
she	সে (sē)
it	এটা (ēṭā)
we	আমরা (āmarā)
you (plural)	তোমরা (tōmarā)
they	তারা (tārā)
what	কি (ki)
who	কে (kē)
where	কোথায় (kōthāẏa)
why	কেন (kēna)
how	কিভাবে (kibhābē)
which	কোনটা (kōnaṭā)
when	কখন (kakhana)
then	তারপর (tārapara)
if	যদি (yadi)
really	সত্যিই (satyi'i)
but	কিন্তু (kintu)
because	কারণ (kāraṇa)
not	না (nā)
this	এটা (ēṭā)
I need this	আমার এটা দরকার (āmāra ēṭā darakāra)
How much is this?	এটার দাম কত? (ēṭāra dāma kata?)
that	ওটা (ōṭā)

26 - 50

all	সব (saba)
or	অথবা (athabā)
and	এবং (ēbaṁ)
to know	জানা (jānā)
I know	আমি জানি (āmi jāni)
I don't know	আমি জানি না (āmi jāni nā)
to think	চিন্তা করা (cintā karā)
to come	আসা (āsā)
to put	রাখা (rākhā)
to take	নেওয়া (nē'ōẏā)
to find	খোঁজা (khōm̐jā)
to listen	শোনা (śōnā)
to work	কাজ করা (kāja karā)
to talk	কথা বলা (kathā balā)
to give (somebody something)	দেওয়া (dē'ōẏā)
to like	পছন্দ করা (pachanda karā)
to help	সাহায্য করা (sāhāyya karā)
to love	ভালবাসা (bhālabāsā)
to call	ফোন করা (phōna karā)
to wait	অপেক্ষা করা (apēkṣā karā)
I like you	আমি তোমাকে পছন্দ করি (āmi tōmākē pachanda kari)
I don't like this	আমি এটা পছন্দ করি না (āmi ēṭā pachanda kari nā)
Do you love me?	তুমি কি আমাকে ভালোবাসো? (tumi ki āmākē bhālōbāsō?)
I love you	আমি তোমাকে ভালোবাসি (āmi tōmākē bhālōbāsi)
0	শূন্য (śūn'ya)

51 - 75

1	এক (ēka)
2	দুই (du'i)
3	তিন (tina)
4	চার (cāra)
5	পাঁচ (pām̐ca)
6	ছয় (chaẏa)
7	সাত (sāta)
8	আট (āṭa)
9	নয় (naẏa)
10	দশ (daśa)
11	এগারো (ēgārō)
12	বারো (bārō)
13	তেরো (tērō)
14	চৌদ্দ (caudda)
15	পনেরো (panērō)
16	ষোলো (ṣōlō)
17	সতেরো (satērō)
18	আঠারো (āṭhārō)
19	উনিশ (uniśa)
20	বিশ (biśa)
new	নতুন (natuna)
old (not new)	পুরাতন (purātana)
few	অল্প (alpa)
many	অনেক (anēka)
how much?	কত? (kata?)

76 - 100

how many?	কতগুলো? (katagulō?)
wrong	ভুল (bhula)
correct	সঠিক (saṭhika)
bad	খারাপ (khārāpa)
good	ভালো (bhālō)
happy	সুখী (sukhī)
short (length)	খাটো (khāṭō)
long	লম্বা (lambā)
small	ছোট (chōṭa)
big	বড় (baṛa)
there	সেখানে (sēkhānē)
here	এখানে (ēkhānē)
right	ডান (ḍāna)
left	বাম (bāma)
beautiful	সুন্দর (sundara)
young	তরুণ (taruṇa)
old (not young)	বৃদ্ধ (bṛd'dha)
hello	হ্যালো (hyālō)
see you later	পরে দেখা হবে (parē dēkhā habē)
ok	ঠিক আছে (ṭhika āchē)
take care	যত্ন নিও (yatna ni'ō)
don't worry	চিন্তা করো না (cintā karō nā)
of course	অবশ্যই (abaśya'i)
good day	দিনটি শুভ হোক (dinaṭi śubha hōka)
hi	হাই (hā'i)

101 - 125

bye bye	বিদায় (bidāẏa)
good bye	শুভ বিদায় (śubha bidāẏa)
excuse me	মাফ করবেন (māpha karabēna)
sorry	দুঃখিত (duḥkhita)
thank you	ধন্যবাদ (dhan'yabāda)
please	দয়া করে (daẏā karē)
I want this	আমি এটা চাই (āmi ēṭā cā'i)
now	এখন (ēkhana)
afternoon	বিকেল (bikēla)
morning (9:00-11:00)	সকাল (sakāla)
night	রাত (rāta)
morning (6:00-9:00)	সকাল (sakāla)
evening	সন্ধ্যা (sandhyā)
noon	দুপুর (dupura)
midnight	মধ্যরাত্রি (madhyarātri)
hour	ঘন্টা (ghanṭā)
minute	মিনিট (miniṭa)
second (time)	সেকেন্ড (sēkēnḍa)
day	দিন (dina)
week	সপ্তাহ (saptāha)
month	মাস (māsa)
year	বছর (bachara)
time	সময় (samaẏa)
date (time)	তারিখ (tārikha)
the day before yesterday	গত পরশু (gata paraśu)

126 - 150

yesterday	গতকাল (gatakāla)
today	আজ (āja)
tomorrow	আগামীকাল (āgāmīkāla)
the day after tomorrow	আগামী পরশু (āgāmī paraśu)
Monday	সোমবার (sōmabāra)
Tuesday	মঙ্গলবার (maṅgalabāra)
Wednesday	বুধবার (budhabāra)
Thursday	বৃহস্পতিবার (br̥haspatibāra)
Friday	শুক্রবার (śukrabāra)
Saturday	শনিবার (śanibāra)
Sunday	রবিবার (rabibāra)
Tomorrow is Saturday	আগামীকাল শনিবার (āgāmīkāla śanibāra)
life	জীবন (jībana)
woman	নারী (nārī)
man	পুরুষ (puruṣa)
love	ভালোবাসা (bhālōbāsā)
boyfriend	ছেলে বন্ধু (chēlē bandhu)
girlfriend	মেয়ে বন্ধু (mēẏē bandhu)
friend	বন্ধু (bandhu)
kiss	চুম্বন (cumbana)
sex	যৌন সহবাস (yauna sahabāsa)
child	শিশু (śiśu)
baby	শিশু (śiśu)
girl	মেয়ে (mēẏē)
boy	ছেলে (chēlē)

151 - 175

mum	মা (mā)
dad	বাবা (bābā)
mother	মা (mā)
father	বাবা (bābā)
parents	মা-বাবা (mā-bābā)
son	পুত্র (putra)
daughter	কন্যা (kan'yā)
little sister	ছোট বোন (chōṭa bōna)
little brother	ছোট ভাই (chōṭa bhā'i)
big sister	বড় বোন (baṛa bōna)
big brother	বড় ভাই (baṛa bhā'i)
to stand	দাঁড়ানো (dām̐ṛānō)
to sit	বসা (basā)
to lie	শুয়ে থাকা (śuẏē thākā)
to close	বন্ধ করা (bandha karā)
to open (e.g. a door)	খোলা (khōlā)
to lose	হারা (hārā)
to win	জেতা (jētā)
to die	মরা (marā)
to live	বাঁচা (bām̐cā)
to turn on	চালু করা (cālu karā)
to turn off	বন্ধ করা (bandha karā)
to kill	মেরে ফেলা (mērē phēlā)
to injure	আঘাত করা (āghāta karā)
to touch	স্পর্শ করা (sparśa karā)

176 - 200

to watch	দেখা (dēkhā)
to drink	পান করা (pāna karā)
to eat	খাওয়া (khā'ōẏā)
to walk	হাঁটা (hām̐ṭā)
to meet	দেখা করা (dēkhā karā)
to bet	বাজি ধরা (bāji dharā)
to kiss	চুম্বন করা (cumbana karā)
to follow	অনুসরণ করা (anusaraṇa karā)
to marry	বিয়ে করা (biẏē karā)
to answer	উত্তর দেওয়া (uttara dē'ōẏā)
to ask	জিজ্ঞাসা করা (jijñāsā karā)
question	প্রশ্ন (praśna)
company	কোম্পানি (kōmpāni)
business	ব্যবসা (byabasā)
job	কাজ (kāja)
money	টাকা (ṭākā)
telephone	টেলিফোন (ṭēliphōna)
office	অফিস (aphisa)
doctor	ডাক্তার (ḍāktāra)
hospital	হাসপাতাল (hāsapātāla)
nurse	নার্স (nārsa)
policeman	পুলিশ (puliśa)
president (of a state)	রাষ্ট্রপতি (rāṣṭrapati)
white	সাদা (sādā)
black	কালো (kālō)

201 - 225

red	লাল (lāla)
blue	নীল (nīla)
green	সবুজ (sabuja)
yellow	হলুদ (haluda)
slow	ধীর (dhīra)
quick	দ্রুত (druta)
funny	হাস্যকর (hāsyakara)
unfair	অন্যায্য (an'yāyya)
fair	ন্যায্য (n'yāyya)
difficult	কঠিন (kaṭhina)
easy	সহজ (sahaja)
This is difficult	এটা কঠিন (ēṭā kaṭhina)
rich	ধনী (dhanī)
poor	দরিদ্র (daridra)
strong	শক্তিশালী (śaktiśālī)
weak	দুর্বল (durbala)
safe (adjective)	নিরাপদ (nirāpada)
tired	ক্লান্ত (klānta)
proud	গর্বিত (garbita)
full (from eating)	ভরা (bharā)
sick	অসুস্থ (asustha)
healthy	সুস্থ (sustha)
angry	ক্রুদ্ধ (krud'dha)
low	নিচু (nicu)
high	উচু (ucu)

226 - 250

straight (line)	সোজা (sōjā)
every	প্রতি (prati)
always	সবসময় (sabasamaẏa)
actually	আসলে (āsalē)
again	আবার (ābāra)
already	ইতিমধ্যে (itimadhyē)
less	কম (kama)
most	অধিকাংশ (adhikānśa)
more	আরো (ārō)
I want more	আমি আরো চাই (āmi ārō cā'i)
none	কেউই না (kē'u'i nā)
very	খুব (khuba)
animal	প্রাণী (prāṇī)
pig	শূকর (śūkara)
cow	গরু (garu)
horse	ঘোড়া (ghōṛā)
dog	কুকুর (kukura)
sheep	ভেড়া (bhēṛā)
monkey	বানর (bānara)
cat	বিড়াল (biṛāla)
bear	ভালুক (bhāluka)
chicken (animal)	মুরগি (muragi)
duck	হাঁস (hām̐sa)
butterfly	প্রজাপতি (prajāpati)
bee	মৌমাছি (maumāchi)

251 - 275

fish (animal)	মাছ (mācha)
spider	মাকড়সা (mākaṛasā)
snake	সাপ (sāpa)
outside	বাইরে (bā'irē)
inside	ভিতরে (bhitarē)
far	দূরে (dūrē)
close	কাছে (kāchē)
below	নিচে (nicē)
above	উপরে (uparē)
beside	পাশে (pāśē)
front	সামনে (sāmanē)
back (position)	পিছনে (pichanē)
sweet	মিষ্টি (miṣṭi)
sour	টক (ṭaka)
strange	অদ্ভুত (adbhuta)
soft	নরম (narama)
hard	কঠিন (kaṭhina)
cute	আকর্ষণীয় (ākarṣaṇīẏa)
stupid	নির্বোধ (nirbōdha)
crazy	পাগল (pāgala)
busy	ব্যস্ত (byasta)
tall	লম্বা (lambā)
short (height)	খাটো (khāṭō)
worried	চিন্তিত (cintita)
surprised	বিস্মিত (bismita)

276 - 300

cool	দারুণ (dāruṇa)
well-behaved	ভদ্র (bhadra)
evil	মন্দ (manda)
clever	চালাক (cālāka)
cold (adjective)	ঠান্ডা (ṭhānḍā)
hot (temperature)	গরম (garama)
head	মাথা (māthā)
nose	নাক (nāka)
hair	চুল (cula)
mouth	মুখ (mukha)
ear	কান (kāna)
eye	চোখ (cōkha)
hand	হাত (hāta)
foot	পা (pā)
heart	হৃৎপিণ্ড (hr̥tpinḍa)
brain	মস্তিষ্ক (mastiṣka)
to pull (... open)	টানা (ṭānā)
to push (... open)	ঠেলা (ṭhēlā)
to press (a button)	চাপ দেওয়া (cāpa dē'ōẏā)
to hit	আঘাত করা (āghāta karā)
to catch	লুফে নেওয়া (luphē nē'ōẏā)
to fight	লড়াই করা (laṛā'i karā)
to throw	ছুঁড়ে ফেলা (chum̐ṛē phēlā)
to run	দৌড়ানো (dauṛānō)
to read	পড়া (paṛā)

301 - 325

to write	লেখা (lēkhā)
to fix	সাঁটা (sām̐ṭā)
to count	গণনা করা (gaṇanā karā)
to cut	কাটা (kāṭā)
to sell	বিক্রয় করা (bikraẏa karā)
to buy	ক্রয় করা (kraẏa karā)
to pay	অর্থপ্রদান করা (arthapradāna karā)
to study	পড়াশোনা করা (paṛāśōnā karā)
to dream	স্বপ্ন দেখা (sbapna dēkhā)
to sleep	ঘুমানো (ghumānō)
to play	খেলা (khēlā)
to celebrate	উদযাপন করা (udayāpana karā)
to rest	বিশ্রাম নেওয়া (biśrāma nē'ōẏā)
to enjoy	উপভোগ করা (upabhōga karā)
to clean	পরিষ্কার করা (pariṣkāra karā)
school	বিদ্যালয় (bidyālaẏa)
house	ঘর (ghara)
door	দরজা (darajā)
husband	স্বামী (sbāmī)
wife	স্ত্রী (strī)
wedding	বিবাহ (bibāha)
person	ব্যক্তি (byakti)
car	গাড়ি (gāṛi)
home	বাড়ি (bāṛi)
city	শহর (śahara)

326 - 350

number	সংখ্যা (saṅkhyā)
21	একুশ (ēkuśa)
22	বাইশ (bā'iśa)
26	ছাব্বিশ (chābbiśa)
30	ত্রিশ (triśa)
31	একত্রিশ (ēkatriśa)
33	তেত্রিশ (tētriśa)
37	সাঁইত্রিশ (sām̐itriśa)
40	চল্লিশ (calliśa)
41	একচল্লিশ (ēkacalliśa)
44	চুয়াল্লিশ (cuẏālliśa)
48	আটচল্লিশ (āṭacalliśa)
50	পঞ্চাশ (pañcāśa)
51	একান্ন (ēkānna)
55	পঞ্চান্ন (pañcānna)
59	ঊনষাট (ūnaṣāṭa)
60	ষাট (ṣāṭa)
61	একষট্টি (ēkaṣaṭṭi)
62	বাষট্টি (bāṣaṭṭi)
66	ছেষট্টি (chēṣaṭṭi)
70	সত্তর (sattara)
71	একাত্তর (ēkāttara)
73	তিয়াত্তর (tiẏāttara)
77	সাতাত্তর (sātāttara)
80	আশি (āśi)

351 - 375

81	একাশি (ēkāśi)
84	চুরাশি (curāśi)
88	আটাশি (āṭāśi)
90	নব্বই (nabba'i)
91	একানব্বই (ēkānabba'i)
95	পঁচানব্বই (pam̐cānabba'i)
99	নিরানব্বই (nirānabba'i)
100	একশত (ēkaśata)
1000	এক হাজার (ēka hājāra)
10.000	দশ হাজার (daśa hājāra)
100.000	এক লক্ষ (ēka lakṣa)
1.000.000	দশ লক্ষ (daśa lakṣa)
my dog	আমার কুকুর (āmāra kukura)
your cat	তোমার বিড়াল (tōmāra biṛāla)
her dress	তার পোশাক (tāra pōśāka)
his car	তার গাড়ি (tāra gāṛi)
its ball	এর বল (ēra bala)
our home	আমাদের বাড়ি (āmādēra bāṛi)
your team	তোমার দল (tōmāra dala)
their company	তাদের কোম্পানি (tādēra kōmpāni)
everybody	সবাই (sabā'i)
together	একসাথে (ēkasāthē)
other	অন্যান্য (an'yān'ya)
doesn't matter	ব্যাপার না (byāpāra nā)
cheers	চিয়ার্স (ciẏārsa)

376 - 400

relax	আরাম করো (ārāma karō)
I agree	আমি একমত (āmi ēkamata)
welcome	স্বাগতম (sbāgatama)
no worries	কোনও চিন্তা করবেন না (kōna'ō cintā karabēna nā)
turn right	ডানে ঘুরুন (ḍānē ghuruna)
turn left	বামে ঘুরুন (bāmē ghuruna)
go straight	সোজা যাও (sōjā yā'ō)
Come with me	আমার সাথে আসো (āmāra sāthē āsō)
egg	ডিম (ḍima)
cheese	পনির (panira)
milk	দুধ (dudha)
fish (to eat)	মাছ (mācha)
meat	মাংস (mānsa)
vegetable	শাকসবজি (śākasabaji)
fruit	ফল (phala)
bone (food)	হাড় (hāṛa)
oil	তেল (tēla)
bread	পাউরুটি (pā'uruṭi)
sugar	চিনি (cini)
chocolate	চকলেট (cakalēṭa)
candy	ক্যান্ডি (kyānḍi)
cake	কেক (kēka)
drink	পানীয় (pānīẏa)
water	পানি (pāni)
soda	সোডা (sōḍā)

401 - 425

coffee	কফি (kaphi)
tea	চা (cā)
beer	বিয়ার (biẏāra)
wine	ওয়াইন (ōẏā'ina)
salad	সালাদ (sālāda)
soup	স্যুপ (syupa)
dessert	ডেজার্ট (ḍējārṭa)
breakfast	সকালের নাস্তা (sakālēra nāstā)
lunch	দুপুরের খাবার (dupurēra khābāra)
dinner	রাতের খাবার (rātēra khābāra)
pizza	পিজা (pijā)
bus	বাস (bāsa)
train	রেলগাড়ি (rēlagāṛi)
train station	রেল স্টেশন (rēla sṭēśana)
bus stop	বাস স্টপ (bāsa sṭapa)
plane	বিমান (bimāna)
ship	জাহাজ (jāhāja)
lorry	লরি (lari)
bicycle	সাইকেল (sā'ikēla)
motorcycle	মোটরসাইকেল (mōṭarasā'ikēla)
taxi	ট্যাক্সি (ṭyāksi)
traffic light	ট্রাফিক লাইট (ṭrāphika lā'iṭa)
car park	পার্কিং (pārkiṁ)
road	রাস্তা (rāstā)
clothing	পোশাক পরিচ্ছদ (pōśāka paricchada)

426 - 450

shoe	জুতা (jutā)
coat	কোট (kōṭa)
sweater	সোয়েটার (sōẏēṭāra)
shirt	শার্ট (śārṭa)
jacket	জ্যাকেট (jyākēṭa)
suit	স্যুট (syuṭa)
trousers	ট্রাউজার (ṭrā'ujāra)
dress	পোশাক (pōśāka)
T-shirt	টি-শার্ট (ṭi-śārṭa)
sock	মোজা (mōjā)
bra	ব্রা (brā)
underpants	আন্ডারপ্যান্ট (ānḍārapyānṭa)
glasses	চশমা (caśamā)
handbag	হাতব্যাগ (hātabyāga)
purse	টাকার থলি (ṭākāra thali)
wallet	মানিব্যাগ (mānibyāga)
ring	আংটি (ānṭi)
hat	টুপি (ṭupi)
watch	ঘড়ি (ghaṛi)
pocket	পকেট (pakēṭa)
What's your name?	আপনার নাম কী? (āpanāra nāma kī?)
My name is David	আমার নাম ডেভিড (āmāra nāma ḍēbhiḍa)
I'm 22 years old	আমার বয়স ২২ বছর (āmāra baẏasa 22 bachara)
How are you?	তুমি কেমন আছো? (tumi kēmana āchō?)
Are you ok?	তুমি ঠিক আছো? (tumi ṭhika āchō?)

451 - 475

Where is the toilet?	টয়লেটটি কোথায়? (ṭaẏalēṭaṭi kōthāẏa?)
I miss you	আমি তোমাকে মিস করি (āmi tōmākē misa kari)
spring	বসন্তকাল (basantakāla)
summer	গ্রীষ্মকাল (grīṣmakāla)
autumn	শরৎকাল (śaraṯkāla)
winter	শীতকাল (śītakāla)
January	জানুয়ারি (jānuẏāri)
February	ফেব্রুয়ারি (phēbruẏāri)
March	মার্চ (mārca)
April	এপ্রিল (ēprila)
May	মে (mē)
June	জুন (juna)
July	জুলাই (julā'i)
August	আগস্ট (āgasṭa)
September	সেপ্টেম্বর (sēpṭēmbara)
October	অক্টোবর (akṭōbara)
November	নভেম্বর (nabhēmbara)
December	ডিসেম্বর (ḍisēmbara)
shopping	কেনাকাটা (kēnākāṭā)
bill	বিল (bila)
market	বাজার (bājāra)
supermarket	সুপারমার্কেট (supāramārkēṭa)
building	ভবন (bhabana)
apartment	অ্যাপার্টমেন্ট (ayāpārṭamēnṭa)
university	বিশ্ববিদ্যালয় (biśbabidyālaẏa)

476 - 500

farm	খামার (khāmāra)
church	গির্জা (girjā)
restaurant	রেস্তোরা (rēstōrā)
bar	বার (bāra)
gym	জিম (jima)
park	পার্ক (pārka)
toilet (public)	টয়লেট (ṭaẏalēṭa)
map	মানচিত্র (mānacitra)
ambulance	অ্যাম্বুলেন্স (ayāmbulēnsa)
police	পুলিশ (puliśa)
gun	বন্দুক (banduka)
firefighters	দমকলকর্মী (damakalakarmī)
country	দেশ (dēśa)
suburb	শহরতলী (śaharatalī)
village	গ্রাম (grāma)
health	স্বাস্থ্য (sbāsthya)
medicine	ঔষধ (auṣadha)
accident	দুর্ঘটনা (durghaṭanā)
patient	রোগী (rōgī)
surgery	অস্ত্রোপচার (astrōpacāra)
pill	বড়ি (baṛi)
fever	জ্বর (jbara)
cold (sickness)	ঠান্ডা (ṭhānḍā)
wound	ক্ষত (kṣata)
appointment	অ্যাপয়েন্টমেন্ট (ayāpaẏēnṭamēnṭa)

501 - 525

cough	কাশি (kāśi)
neck	ঘাড় (ghāṛa)
bottom	নিতম্ব (nitamba)
shoulder	কাঁধ (kām̐dha)
knee	হাঁটু (hām̐ṭu)
leg	পা (pā)
arm	বাহু (bāhu)
belly	পেট (pēṭa)
bosom	স্তন (stana)
back (part of body)	পিঠ (piṭha)
tooth	দাঁত (dām̐ta)
tongue	জিহ্বা (jihbā)
lip	ঠোঁট (ṭhōm̐ṭa)
finger	আঙুল (āṅula)
toe	পায়ের আঙুল (pāẏēra āṅula)
stomach	পাকস্থলী (pākasthalī)
lung	ফুসফুস (phusaphusa)
liver	যকৃৎ (yakr̥t)
nerve	স্নায়ু (snāẏu)
kidney	বৃক্ক (br̥kka)
intestine	অন্ত্র (antra)
colour	রঙ (raṅa)
orange (colour)	কমলা (kamalā)
grey	ধূসর (dhūsara)
brown	বাদামী (bādāmī)

526 - 550

pink	গোলাপী (gōlāpī)
boring	বিরক্তিকর (biraktikara)
heavy	ভারী (bhārī)
light (weight)	হালকা (hālakā)
lonely	একাকী (ēkākī)
hungry	ক্ষুধার্ত (kṣudhārta)
thirsty	তৃষ্ণার্ত (tr̥ṣṇārta)
sad	দুঃখিত (duḥkhita)
steep	খাড়া (khāṛā)
flat	সমতল (samatala)
round	বৃত্তাকার (br̥ttākāra)
square (adjective)	চতুর্ভূজাকৃতির (caturbhūjākr̥tira)
narrow	সংকীর্ণ (saṅkīrṇa)
broad	প্রশস্ত (praśasta)
deep	গভীর (gabhīra)
shallow	অগভীর (agabhīra)
huge	বিশাল (biśāla)
north	উত্তর (uttara)
east	পূর্ব (pūrba)
south	দক্ষিণ (dakṣiṇa)
west	পশ্চিম (paścima)
dirty	নোংরা (nōnrā)
clean	পরিষ্কার (pariṣkāra)
full (not empty)	পূর্ণ (pūrṇa)
empty	খালি (khāli)

551 - 575

expensive	দামী (dāmī)
cheap	সস্তা (sastā)
dark	অন্ধকার (andhakāra)
light (colour)	আলো (ālō)
sexy	সেক্সি (sēksi)
lazy	অলস (alasa)
brave	সাহসী (sāhasī)
generous	উদার (udāra)
handsome	সুদর্শন (sudarśana)
ugly	কুৎসিত (kuṯsita)
silly	বোকা (bōkā)
friendly	বন্ধুভাবাপন্ন (bandhubhābāpanna)
guilty	দোষী (dōṣī)
blind	অন্ধ (andha)
drunk	মাতাল (mātāla)
wet	ভিজা (bhijā)
dry	শুষ্ক (śuṣka)
warm	উষ্ণ (uṣṇa)
loud	জোরে (jōrē)
quiet	শান্ত (śānta)
silent	নীরব (nīraba)
kitchen	রান্নাঘর (rānnāghara)
bathroom	বাথরুম (bātharuma)
living room	বসার ঘর (basāra ghara)
bedroom	শোবার ঘর (śōbāra ghara)

576 - 600

garden	বাগান (bāgāna)
garage	গ্যারেজ (gyārēja)
wall	প্রাচীর (prācīra)
basement	বেজমেন্ট (bējamēnṭa)
toilet (at home)	টয়লেট (ṭaẏalēṭa)
stairs	সিঁড়ি (sim̐ṛi)
roof	ছাদ (chāda)
window (building)	জানলা (jānalā)
knife	ছুরি (churi)
cup (for hot drinks)	কাপ (kāpa)
glass	গ্লাস (glāsa)
plate	প্লেট (plēṭa)
cup (for cold drinks)	কাপ (kāpa)
garbage bin	ময়লার ঝুড়ি (maẏalāra jhuṛi)
bowl	বাটি (bāṭi)
TV set	টিভি সেট (ṭibhi sēṭa)
desk	ডেস্ক (ḍēska)
bed	বিছানা (bichānā)
mirror	আয়না (āẏanā)
shower	শাওয়ার (śā'ōẏāra)
sofa	সোফা (sōphā)
picture	ছবি (chabi)
clock	ঘড়ি (ghaṛi)
table	টেবিল (ṭēbila)
chair	চেয়ার (cēẏāra)

601 - 625

swimming pool (garden)	সুইমিং পুল (su'imiṁ pula)
bell	ঘণ্টা (ghanṭā)
neighbour	প্রতিবেশী (pratibēśī)
to fail	ব্যর্থ হওয়া (byartha ha'ōẏā)
to choose	বেছে নেওয়া (bēchē nē'ōẏā)
to shoot	গুলি করা (guli karā)
to vote	ভোট দেওয়া (bhōṭa dē'ōẏā)
to fall	পড়ে যাওয়া (paṛē yā'ōẏā)
to defend	প্রতিহত করা (pratihata karā)
to attack	আক্রমণ করা (ākramaṇa karā)
to steal	চুরি করা (curi karā)
to burn	পোড়ানো (pōṛānō)
to rescue	উদ্ধার করা (ud'dhāra karā)
to smoke	ধূমপান করা (dhūmapāna karā)
to fly	ওড়া (ōṛā)
to carry	বহন করা (bahana karā)
to spit	থুতু ফেলা (thutu phēlā)
to kick	লাথি মারা (lāthi mārā)
to bite	কামড়ানো (kāmaṛānō)
to breathe	শ্বাস নেওয়া (śbāsa nē'ōẏā)
to smell	শোঁকা (śōm̐kā)
to cry	কাঁদা (kām̐dā)
to sing	গান গাওয়া (gāna gā'ōẏā)
to smile	স্মিত হাসা (smita hāsā)
to laugh	উচ্চরবে হাসা (uccarabē hāsā)

626 - 650

to grow	বড় হওয়া (baṛa ha'ōẏā)
to shrink	সঙ্কুচিত করা (saṅkucita karā)
to argue	তর্ক করা (tarka karā)
to threaten	হুমকি দেওয়া (humaki dē'ōẏā)
to share	ভাগ করে নেওয়া (bhāga karē nē'ōẏā)
to feed	খাওয়ানো (khā'ōẏānō)
to hide	লুকানো (lukānō)
to warn	সতর্ক করা (satarka karā)
to swim	সাঁতার কাটা (sām̐tāra kāṭā)
to jump	লাফানো (lāphānō)
to roll	গড়ানো (gaṛānō)
to lift	উপরে তোলা (uparē tōlā)
to dig	খনন করা (khanana karā)
to copy	কপি করা (kapi karā)
to deliver	প্রদান করা (pradāna karā)
to look for	সন্ধান করা (sandhāna karā)
to practice	অভ্যাস করা (abhyāsa karā)
to travel	ভ্রমণ করা (bhramaṇa karā)
to paint	রঙ করা (raṅa karā)
to take a shower	স্নান করা (snāna karā)
to open (unlock)	খোলা (khōlā)
to lock	তালাবন্ধ করা (tālābandha karā)
to wash	ধোয়া (dhōẏā)
to pray	প্রার্থনা করা (prārthanā karā)
to cook	রান্না করা (rānnā karā)

651 - 675

book	বই (ba'i)
library	লাইব্রেরি (lā'ibrēri)
homework	বাড়ির কাজ (bāṛira kāja)
exam	পরীক্ষা (parīkṣā)
lesson	পাঠ (pāṭha)
science	বিজ্ঞান (bijñāna)
history	ইতিহাস (itihāsa)
art	চারুকলা (cārukalā)
English	ইংরেজি (inrēji)
French	ফরাসি (pharāsi)
pen	কলম (kalama)
pencil	পেন্সিল (pēnsila)
3%	তিন শতাংশ (tina śatānśa)
first	প্রথম (prathama)
second (2nd)	দ্বিতীয় (dbitīẏa)
third	তৃতীয় (tr̥tīẏa)
fourth	চতুর্থ (caturtha)
result	ফল (phala)
square (shape)	বর্গক্ষেত্র (bargakṣētra)
circle	বৃত্ত (br̥tta)
area	ক্ষেত্রফল (kṣētraphala)
research	গবেষণা (gabēṣaṇā)
degree	ডিগ্রী (ḍigrī)
bachelor	স্নাতক (snātaka)
master	মাস্টার্স (māsṭārsa)

676 - 700

x < y	x y এর চেয়ে ছোট (x y ēra cēẏē chōṭa)
x > y	x y এর চেয়ে বড় (x y ēra cēẏē baṛa)
stress	মানসিক চাপ (mānasika cāpa)
insurance	বীমা (bīmā)
staff	কর্মী (karmī)
department	বিভাগ (bibhāga)
salary	বেতন (bētana)
address	ঠিকানা (ṭhikānā)
letter (post)	চিঠি (ciṭhi)
captain	ক্যাপ্টেন (kyāpṭēna)
detective	গোয়েন্দা (gōẏēndā)
pilot	পাইলট (pā'ilaṭa)
professor	অধ্যাপক (adhyāpaka)
teacher	শিক্ষক (śikṣaka)
lawyer	আইনজীবী (ā'inajībī)
secretary	সচিব (saciba)
assistant	সহকারী (sahakārī)
judge	বিচারক (bicāraka)
director	পরিচালক (paricālaka)
manager	ব্যবস্থাপক (byabasthāpaka)
cook	রাঁধুনি (rām̐dhuni)
taxi driver	ট্যাক্সি চালক (ṭyāksi cālaka)
bus driver	বাস চালক (bāsa cālaka)
criminal	অপরাধী (aparādhī)
model	মডেল (maḍēla)

701 - 725

artist	শিল্পী (śilpī)
telephone number	টেলিফোন নাম্বার (ṭēliphōna nāmbāra)
signal (of phone)	সংকেত (saṅkēta)
app	অ্যাপ (ayāpa)
chat	চ্যাট (cyāṭa)
file	ফাইল (phā'ila)
url	ইউআরএল (i'u'āra'ēla)
e-mail address	ই-মেইল ঠিকানা (i-mē'ila ṭhikānā)
website	ওয়েবসাইট (ōẏēbasā'iṭa)
e-mail	ই-মেইল (i-mē'ila)
mobile phone	মোবাইল ফোন (mōbā'ila phōna)
law	আইন (ā'ina)
prison	কারাগার (kārāgāra)
evidence	প্রমাণ (pramāṇa)
fine	জরিমানা (jarimānā)
witness	সাক্ষী (sākṣī)
court	আদালত (ādālata)
signature	স্বাক্ষর (sbākṣara)
loss	লোকসান (lōkasāna)
profit	মুনাফা (munāphā)
customer	ক্রেতা (krētā)
amount	পরিমাণ (parimāṇa)
credit card	ক্রেডিট কার্ড (krēḍiṭa kārḍa)
password	পাসওয়ার্ড (pāsa'ōẏārḍa)
cash machine	ক্যাশ মেশিন (kyāśa mēśina)

726 - 750

swimming pool (competition)	সুইমিং পুল (su'imiṁ pula)
power	শক্তি (śakti)
camera	ক্যামেরা (kyāmērā)
radio	রেডিও (rēḍi'ō)
present (gift)	উপহার (upahāra)
bottle	বোতল (bōtala)
bag	ব্যাগ (byāga)
key	চাবি (cābi)
doll	পুতুল (putula)
angel	স্বর্গদূত (sbargadūta)
comb	চিরুনি (ciruni)
toothpaste	টুথপেস্ট (ṭuthapēsṭa)
toothbrush	টুথব্রাশ (ṭuthabrāśa)
shampoo	শ্যাম্পু (śyāmpu)
cream (pharmaceutical)	ক্রিম (krima)
tissue	টিস্যু (ṭisyu)
lipstick	লিপস্টিক (lipasṭika)
TV	টিভি (ṭibhi)
cinema	সিনেমা (sinēmā)
news	খবর (khabara)
seat	সীট (sīṭa)
ticket	টিকেট (ṭikēṭa)
screen (cinema)	পর্দা (pardā)
music	সঙ্গীত (saṅgīta)
stage	মঞ্চ (mañca)

751 - 775

audience	শ্রোতা (śrōtā)
painting	চিত্রকর্ম (citrakarma)
joke	কৌতুক (kautuka)
article	প্রবন্ধ (prabandha)
newspaper	সংবাদপত্র (sambādapatra)
magazine	ম্যাগাজিন (myāgājina)
advertisement	বিজ্ঞাপন (bijñāpana)
nature	প্রকৃতি (prakr̥ti)
ash	ছাই (chā'i)
fire (general)	আগুন (āguna)
diamond	হীরা (hīrā)
moon	চাঁদ (cām̐da)
earth	পৃথিবী (pr̥thibī)
sun	সূর্য (sūrya)
star	তারা (tārā)
planet	গ্রহ (graha)
universe	মহাবিশ্ব (mahābiśba)
coast	উপকূল (upakūla)
lake	হ্রদ (hrada)
forest	বন (bana)
desert (dry place)	মরুভূমি (marubhūmi)
hill	পাহাড় (pāhāṛa)
rock (stone)	শিলা (śilā)
river	নদী (nadī)
valley	উপত্যকা (upatyakā)

776 - 800

mountain	পর্বত (parbata)
island	দ্বীপ (dbīpa)
ocean	মহাসাগর (mahāsāgara)
sea	সাগর (sāgara)
weather	আবহাওয়া (ābahā'ōẏā)
ice	বরফ (barapha)
snow	তুষার (tuṣāra)
storm	ঝড় (jhaṛa)
rain	বৃষ্টি (br̥ṣṭi)
wind	বাতাস (bātāsa)
plant	উদ্ভিদ (udbhida)
tree	গাছ (gācha)
grass	ঘাস (ghāsa)
rose	গোলাপ (gōlāpa)
flower	ফুল (phula)
gas	গ্যাস (gyāsa)
metal	ধাতু (dhātu)
gold	সোনা (sōnā)
silver	সিলভার (silabhāra)
Silver is cheaper than gold	রূপা স্বর্ণের চেয়ে সস্তা (rūpā sbarṇēra cēẏē sastā)
Gold is more expensive than silver	স্বর্ণ রূপার চেয়ে দামি (sbarṇa rūpāra cēẏē dāmi)
holiday	ছুটির দিন (chuṭira dina)
member	সদস্য (sadasya)
hotel	হোটেল (hōṭēla)
beach	সৈকত (saikata)

801 - 825

guest	অতিথি (atithi)
birthday	জন্মদিন (janmadina)
Christmas	বড়দিন (baṛadina)
New Year	নববর্ষ (nababarṣa)
Easter	ইস্টার (isṭāra)
uncle	কাকা/মামা (kākā/māmā)
aunt	মাসি (māsi)
grandmother (paternal)	দাদী (dādī)
grandfather (paternal)	দাদা (dādā)
grandmother (maternal)	নানী (nānī)
grandfather (maternal)	নানা (nānā)
death	মরণ (maraṇa)
grave	কবর (kabara)
divorce	বিবাহবিচ্ছেদ (bibāhabicchēda)
bride	কনে (kanē)
groom	বর (bara)
101	একশত এক (ēkaśata ēka)
105	একশ পাঁচ (ēkaśa pām̐ca)
110	একশ দশ (ēkaśa daśa)
151	একশ একান্ন (ēkaśa ēkānna)
200	দুইশত (du'iśata)
202	দুইশ দুই (du'iśa du'i)
206	দুইশ ছয় (du'iśa chaẏa)
220	দুইশ বিশ (du'iśa biśa)
262	দুইশ বাষট্টি (du'iśa bāṣaṭṭi)

826 - 850

300	তিনশত (tinaśata)
303	তিনশ তিন (tinaśa tina)
307	তিনশ সাত (tinaśa sāta)
330	তিনশ ত্রিশ (tinaśa triśa)
373	তিনশ তিয়াত্তর (tinaśa tiẏāttara)
400	চারশত (cāraśata)
404	চারশ চার (cāraśa cāra)
408	চারশ আট (cāraśa āṭa)
440	চারশ চল্লিশ (cāraśa calliśa)
484	চারশ চুরাশি (cāraśa curāśi)
500	পাঁচশত (pām̐caśata)
505	পাঁচশ পাঁচ (pām̐caśa pām̐ca)
509	পাঁচশ নয় (pām̐caśa naẏa)
550	পাঁচশ পঞ্চাশ (pām̐caśa pañcāśa)
595	পাঁচশ পঁচানব্বই (pām̐caśa pam̐cānabba'i)
600	ছয়শত (chaẏaśata)
601	ছয়শ এক (chaẏaśa ēka)
606	ছয়শ ছয় (chaẏaśa chaẏa)
616	ছয়শ ষোলো (chaẏaśa ṣōlō)
660	ছয়শ ষাট (chaẏaśa ṣāṭa)
700	সাতশত (sātaśata)
702	সাতশ দুই (sātaśa du'i)
707	সাতশ সাত (sātaśa sāta)
727	সাতশ সাতাশ (sātaśa sātāśa)
770	সাতশ সত্তর (sātaśa sattara)

851 - 875

800	আটশত (āṭaśata)
803	আটশ তিন (āṭaśa tina)
808	আটশ আট (āṭaśa āṭa)
838	আটশ আটত্রিশ (āṭaśa āṭatriśa)
880	আটশ আশি (āṭaśa āśi)
900	নয়শত (naẏaśata)
904	নয়শ চার (naẏaśa cāra)
909	নয়শ নয় (naẏaśa naẏa)
949	নয়শ উনপঞ্চাশ (naẏaśa unapañcāśa)
990	নয়শ নব্বই (naẏaśa nabba'i)
tiger	বাঘ (bāgha)
mouse (animal)	ইঁদুর (im̐dura)
rat	ধেড়ে ইঁদুর (dhēṛē im̐dura)
rabbit	খরগোশ (kharagōśa)
lion	সিংহ (sinha)
donkey	গাধা (gādhā)
elephant	হাতি (hāti)
bird	পাখি (pākhi)
cockerel	মোরগ (mōraga)
pigeon	কবুতর (kabutara)
goose	রাজহাঁস (rājahām̐sa)
insect	পোকা (pōkā)
bug	পোকা (pōkā)
mosquito	মশা (maśā)
fly	মাছি (māchi)

876 - 900

ant	পিঁপড়া (piṁparā)
whale	তিমি (timi)
shark	হাঙর (hāṅara)
dolphin	ডলফিন (ḍalaphina)
snail	শামুক (śāmuka)
frog	ব্যাঙ (byāṅa)
often	প্রায়ই (prāẏa'i)
immediately	অবিলম্বে (abilambē)
suddenly	হঠাৎ (haṭhāt)
although	যদিও (yadi'ō)
gymnastics	জিমন্যাস্টিকস (jiman'yāsṭikasa)
tennis	টেনিস (ṭēnisa)
running	দৌড় (dauṛa)
cycling	সাইক্লিং (sā'ikliṁ)
golf	গলফ (galapha)
ice skating	আইস স্কেটিং (ā'isa skēṭiṁ)
football	ফুটবল (phuṭabala)
basketball	বাস্কেটবল (bāskēṭabala)
swimming	সাঁতার (sāṁtāra)
diving (under the water)	ডাইভিং (ḍā'ibhiṁ)
hiking	হাইকিং (hā'ikiṁ)
United Kingdom	যুক্তরাজ্য (yuktarājya)
Spain	স্পেন (spēna)
Switzerland	সুইজারল্যান্ড (su'ijāralyānḍa)
Italy	ইতালি (itāli)

901 - 925

France	ফ্রান্স (phrānsa)
Germany	জার্মানি (jārmāni)
Thailand	থাইল্যান্ড (thā'ilyānḍa)
Singapore	সিঙ্গাপুর (siṅgāpura)
Russia	রাশিয়া (rāśiẏā)
Japan	জাপান (jāpāna)
Israel	ইসরায়েল (isarāẏēla)
India	ভারত (bhārata)
China	চীন (cīna)
The United States of America	মার্কিন যুক্তরাষ্ট্র (mārkina yuktarāṣṭra)
Mexico	মেক্সিকো (mēksikō)
Canada	কানাডা (kānāḍā)
Chile	চিলি (cili)
Brazil	ব্রাজিল (brājila)
Argentina	আর্জেন্টিনা (ārjēnṭinā)
South Africa	দক্ষিণ আফ্রিকা (dakṣiṇa āphrikā)
Nigeria	নাইজেরিয়া (nā'ijēriẏā)
Morocco	মরক্কো (marakkō)
Libya	লিবিয়া (libiẏā)
Kenya	কেনিয়া (kēniẏā)
Algeria	আলজেরিয়া (ālajēriẏā)
Egypt	মিশর (miśara)
New Zealand	নিউজিল্যান্ড (ni'ujilyānḍa)
Australia	অস্ট্রেলিয়া (asṭrēliẏā)
Africa	আফ্রিকা (āphrikā)

926 - 950

Europe	ইউরোপ (i'urōpa)
Asia	এশিয়া (ēśiẏā)
America	আমেরিকা (āmērikā)
quarter of an hour	এক ঘন্টার এক চতুর্থাংশ (ēka ghanṭāra ēka caturthānśa)
half an hour	আধ ঘণ্টা (ādha ghanṭā)
three quarters of an hour	এক ঘণ্টার তিন চতুর্থাংশ (ēka ghanṭāra tina caturthānśa)
1:00	একটা বাজে (ēkaṭā bājē)
2:05	দুটো বেজে পাঁচ মিনিট (duṭō bējē pām̐ca miniṭa)
3:10	তিনটা বেজে দশ মিনিট (tinaṭā bējē daśa miniṭa)
4:15	চারটা বেজে পনেরো মিনিট (cāraṭā bējē panērō miniṭa)
5:20	পাঁচটা বেজে বিশ মিনিট (pām̐caṭā bējē biśa miniṭa)
6:25	ছয়টা বেজে পঁচিশ মিনিট (chaẏaṭā bējē pam̐ciśa miniṭa)
7:30	সাড়ে সাতটা (sāṛē sātaṭā)
8:35	আটটা বেজে পঁয়ত্রিশ মিনিট (āṭaṭā bējē pam̐ẏatriśa miniṭa)
9:40	দশটা বাজতে বিশ মিনিট বাকি (daśaṭā bājatē biśa miniṭa bāki)
10:45	এগারোটা বাজতে পনেরো মিনিট বাকি (ēgārōṭā bājatē panērō miniṭa bāki)
11:50	বারোটা বাজতে দশ মিনিট বাকি (bārōṭā bājatē daśa miniṭa bāki)
12:55	একটা বাজতে পাঁচ মিনিট বাকি (ēkaṭā bājatē pām̐ca miniṭa bāki)
one o'clock in the morning	রাত একটা (rāta ēkaṭā)
two o'clock in the afternoon	দুপুর দুটো (dupura duṭō)
last week	গত সপ্তাহ (gata saptāha)
this week	এই সপ্তাহ (ē'i saptāha)
next week	পরের সপ্তাহ (parēra saptāha)
last year	গত বছর (gata bachara)
this year	এই বছর (ē'i bachara)

951 - 975

next year	পরের বছর (parēra bachara)
last month	গত মাস (gata māsa)
this month	এই মাস (ē'i māsa)
next month	পরের মাস (parēra māsa)
2014-01-01	দুই হাজার চৌদ্দ সালের পয়লা জানুয়ারি (du'i hājāra caudda sālēra paẏalā jānuẏāri)
2003-02-25	দুই হাজার তিন সালের পঁচিশে ফেব্রুয়ারি (du'i hājāra tina sālēra pam̐ciśē phēbruẏāri)
1988-04-12	উনিশ শত অষ্টাশি সালের বারোই এপ্রিল (uniśa śata aṣṭāśi sālēra bārō'i ēprila)
1899-10-13	আঠারো নিরানব্বই সালের তেরোই অক্টোবর (āṭhārō nirānabba'i sālēra tērō'i akṭōbara)
1907-09-30	উনিশ শত সাত সালের ত্রিশে সেপ্টেম্বর (uniśa śata sāta sālēra triśē sēpṭēmbara)
2000-12-12	দুই হাজার সালের বারোই ডিসেম্বর (du'i hājāra sālēra bārō'i ḍisēmbara)
forehead	কপাল (kapāla)
wrinkle	বলিরেখা (balirēkhā)
chin	থুতনি (thutani)
cheek	গাল (gāla)
beard	দাড়ি (dāṛi)
eyelashes	চোখের পাপড়ি (cōkhēra pāpaṛi)
eyebrow	ভ্রু (bhru)
waist	কোমর (kōmara)
nape	ঘাড় (ghāṛa)
chest	বুক (buka)
thumb	বুড়ো আঙ্গুল (buṛō āṅgula)
little finger	কনিষ্ঠা (kaniṣṭhā)
ring finger	অনামিকা (anāmikā)
middle finger	মধ্যমা (madhyamā)
index finger	তর্জনী (tarjanī)

976 - 1000

wrist	কব্জি (kabji)
fingernail	হাতের নখ (hātēra nakha)
heel	গোড়ালি (gōṛāli)
spine	মেরুদণ্ড (mērudaṇḍa)
muscle	পেশী (pēśī)
bone (part of body)	হাড় (hāṛa)
skeleton	কঙ্কাল (kaṅkāla)
rib	পাঁজর (pām̐jara)
vertebra	কশেরুকা (kaśērukā)
bladder	মূত্রাশয় (mūtrāśaẏa)
vein	শিরা (śirā)
artery	ধমনী (dhamanī)
vagina	যোনি (yōni)
sperm	শুক্রাণু (śukrāṇu)
penis	শিশ্ন (śiśna)
testicle	অণ্ডকোষ (aṇḍakōṣa)
juicy	রসালো (rasālō)
hot (spicy)	ঝাল (jhāla)
salty	নোনতা (nōnatā)
raw	কাঁচা (kām̐cā)
boiled	সিদ্ধ (sid'dha)
shy	লাজুক (lājuka)
greedy	লোভী (lōbhī)
strict	কঠোর (kaṭhōra)
deaf	বধির (badhira)

1001 - 1025

mute	বাকশক্তিহীন (bākaśaktihīna)
chubby	গোলগাল (gōlagāla)
skinny	চর্মসার (carmasāra)
plump	নিটোল (niṭōla)
slim	পাতলা (pātalā)
sunny	রৌদ্রজ্জ্বল (raudrajjbala)
rainy	বৃষ্টিবহুল (br̥ṣṭibahula)
foggy	কুয়াশাচ্ছন্ন (kuẏāśācchanna)
cloudy	মেঘলা (mēghalā)
windy	ঝড়ো (jhaṛō)
panda	পান্ডা (pānḍā)
goat	ছাগল (chāgala)
polar bear	মেরু ভালুক (mēru bhāluka)
wolf	নেকড়ে (nēkaṛē)
rhino	গণ্ডার (gaṇḍāra)
koala	কোয়ালা (kōẏālā)
kangaroo	ক্যাঙ্গারু (kyāṅgāru)
camel	উট (uṭa)
hamster	হ্যামস্টার (hyāmasṭāra)
giraffe	জিরাফ (jirāpha)
squirrel	কাঠবিড়ালী (kāṭhabiṛālī)
fox	শিয়াল (śiẏāla)
leopard	চিতাবাঘ (citābāgha)
hippo	জলহস্তী (jalahastī)
deer	হরিণ (hariṇa)

1026 - 1050

bat	বাদুড় (bāduṛa)
raven	দাঁড়কাক (dām̐ṛakāka)
stork	সারস (sārasa)
swan	রাজহাঁস (rājahām̐sa)
seagull	গাংচিল (gān̄cila)
owl	পেঁচা (pēm̐cā)
eagle	ঈগল (īgala)
penguin	পেঙ্গুইন (pēṅgu'ina)
parrot	টিয়া (ṭiẏā)
termite	উইপোকা (u'ipōkā)
moth	মথ (matha)
caterpillar	শুঁয়াপোকা (śum̐ẏāpōkā)
dragonfly	ফড়িং (phaṛiṁ)
grasshopper	ঘাসফড়িং (ghāsaphaṛiṁ)
squid	স্কুইড (sku'iḍa)
octopus	অক্টোপাস (akṭōpāsa)
sea horse	সী হর্স (sī harsa)
turtle	কচ্ছপ (kacchapa)
shell	খোল (khōla)
seal	সিল (sila)
jellyfish	জেলিফিশ (jēliphiśa)
crab	কাঁকড়া (kām̐kaṛā)
dinosaur	ডাইনোসর (ḍā'inōsara)
tortoise	কচ্ছপ (kacchapa)
crocodile	কুমির (kumira)

1051 - 1075

marathon	ম্যারাথন (myārāthana)
triathlon	ট্রায়াথলন (ṭrāẏāthalana)
table tennis	টেবিল টেনিস (ṭēbila ṭēnisa)
weightlifting	ভারোত্তোলন (bhārōttōlana)
boxing	মুষ্টিযুদ্ধ (muṣṭiyud'dha)
badminton	ব্যাডমিন্টন (byāḍaminṭana)
figure skating	ফিগার স্কেটিং (phigāra skēṭiṁ)
snowboarding	স্নোবোর্ডিং (snōbōrḍiṁ)
skiing	স্কিইং (ski'iṁ)
cross-country skiing	ক্রস-কান্ট্রি স্কিইং (krasa-kānṭri ski'iṁ)
ice hockey	আইস হকি (ā'isa haki)
volleyball	ভলিবল (bhalibala)
handball	হ্যান্ডবল (hyānḍabala)
beach volleyball	বীচ ভলিবল (bīca bhalibala)
rugby	রাগবি (rāgabi)
cricket	ক্রিকেট (krikēṭa)
baseball	বেসবল (bēsabala)
American football	আমেরিকান ফুটবল (āmērikāna phuṭabala)
water polo	ওয়াটার পোলো (ōẏāṭāra pōlō)
diving (into the water)	ডাইভিং (ḍā'ibhiṁ)
surfing	সার্ফিং (sārphiṁ)
sailing	সেইলিং (sē'iliṁ)
rowing	রোয়িং (rōẏiṁ)
car racing	কার রেসিং (kāra rēsiṁ)
rally racing	র‍্যালি রেসিং (rayāli rēsiṁ)

1076 - 1100

motorcycle racing	মোটরসাইকেল রেসিং (mōṭarasā'ikēla rēsiṁ)
yoga	যোগব্যায়াম (yōgabyāẏāma)
dancing	নাচ (nāca)
mountaineering	পর্বতারোহণ (parbatārōhaṇa)
parachuting	প্যারাসুটিং (pyārāsuṭiṁ)
skateboarding	স্কেট বোর্ডিং (skēṭa bōrḍiṁ)
chess	দাবা (dābā)
poker	পোকার (pōkāra)
climbing	ক্লাইম্বিং (klā'imbiṁ)
bowling	বোলিং (bōliṁ)
billiards	বিলিয়ার্ড (biliẏārḍa)
ballet	ব্যালে (byālē)
warm-up	ওয়ার্ম-আপ (ōẏārma-āpa)
stretching	স্ট্রেচিং (sṭrēciṁ)
sit-ups	সিট-আপস (siṭa-āpasa)
push-up	পুশ-আপ (puśa-āpa)
sauna	সাউনা (sā'unā)
exercise bike	এক্সারসাইজ বাইক (ēksārasā'ija bā'ika)
treadmill	ট্রেডমিল (ṭrēḍamila)
1001	এক হাজার এক (ēka hājāra ēka)
1012	এক হাজার বারো (ēka hājāra bārō)
1234	এক হাজার দুইশো চৌত্রিশ (ēka hājāra du'iśō cautriśa)
2000	দুই হাজার (du'i hājāra)
2002	দুই হাজার দুই (du'i hājāra du'i)
2023	দুই হাজার তেইশ (du'i hājāra tē'iśa)

1101 - 1125

2345	দুই হাজার তিনশ পঁয়তাল্লিশ (du'i hājāra tinaśa pam̐ẏatālliśa)
3000	তিন হাজার (tina hājāra)
3003	তিন হাজার তিন (tina hājāra tina)
4000	চার হাজার (cāra hājāra)
4045	চার হাজার পঁয়তাল্লিশ (cāra hājāra pam̐ẏatālliśa)
5000	পাঁচ হাজার (pām̐ca hājāra)
5678	পাঁচ হাজার ছয়শ আটাত্তর (pām̐ca hājāra chaẏaśa āṭāttara)
6000	ছয় হাজার (chaẏa hājāra)
7000	সাত হাজার (sāta hājāra)
7890	সাত হাজার আটশ নব্বই (sāta hājāra āṭaśa nabba'i)
8000	আট হাজার (āṭa hājāra)
8901	আট হাজার নয়শ এক (āṭa hājāra naẏaśa ēka)
9000	নয় হাজার (naẏa hājāra)
9090	নয় হাজার নব্বই (naẏa hājāra nabba'i)
10.001	দশ হাজার এক (daśa hājāra ēka)
20.020	বিশ হাজার বিশ (biśa hājāra biśa)
30.300	ত্রিশ হাজার তিনশত (triśa hājāra tinaśata)
44.000	চুয়াল্লিশ হাজার (cuẏālliśa hājāra)
10.000.000	এক কোটি (ēka kōṭi)
100.000.000	দশ কোটি (daśa kōṭi)
1.000.000.000	একশত কোটি (ēkaśata kōṭi)
10.000.000.000	এক হাজার কোটি (ēka hājāra kōṭi)
100.000.000.000	দশ হাজার কোটি (daśa hājāra kōṭi)
1.000.000.000.000	এক লক্ষ কোটি (ēka lakṣa kōṭi)
to gamble	জুয়া খেলা (juẏā khēlā)

1126 - 1150

to gain weight	ওজন বাড়া (ōjana bāṛā)
to lose weight	ওজন কমা (ōjana kamā)
to vomit	বমি করা (bami karā)
to shout	চেঁচানো (cēm̐cānō)
to stare	তাকানো (tākānō)
to faint	অজ্ঞান হওয়া (ajñāna ha'ōẏā)
to swallow	গেলা (gēlā)
to shiver	কাঁপা (kām̐pā)
to give a massage	মাসাজ করা (māsāja karā)
to climb	চড়া (caṛā)
to quote	উদ্ধৃত করা (ud'dhr̥ta karā)
to print	প্রিন্ট করা (prinṭa karā)
to scan	স্ক্যান করা (skyāna karā)
to calculate	হিসাব করা (hisāba karā)
to earn	অর্জন করা (arjana karā)
to measure	পরিমাপ করা (parimāpa karā)
to vacuum	ভ্যাকুয়াম করা (bhyākuẏāma karā)
to dry	শুকনো করা (śukanō karā)
to boil	সেদ্ধ করা (sēd'dha karā)
to fry	ভাজা (bhājā)
elevator	এলিভেটর (ēlibhēṭara)
balcony	ব্যালকনি (byālakani)
floor	মেঝে (mējhē)
attic	চিলেকোঠা (cilēkōṭhā)
front door	সামনের দরজা (sāmanēra darajā)

1151 - 1175

corridor	বারান্দা (bārāndā)
second basement floor	দ্বিতীয় বেজমেন্ট মেঝে (dbitīẏa bējamēnṭa mējhē)
first basement floor	প্রথম বেজমেন্ট মেঝে (prathama bējamēnṭa mējhē)
ground floor	নিচতলা (nicatalā)
first floor	দুই তলা (du'i talā)
fifth floor	ছয় তলা (chaẏa talā)
chimney	চিমনি (cimani)
fan	পাখা (pākhā)
air conditioner	এয়ার কন্ডিশনার (ēẏāra kanḍiśanāra)
coffee machine	কফি মেশিন (kaphi mēśina)
toaster	টোস্টার (ṭōsṭāra)
vacuum cleaner	ভ্যাকুয়াম ক্লিনার (bhyākuẏāma klināra)
hairdryer	হেয়ার ড্রায়ার (hēẏāra ḍrāẏāra)
kettle	কেটলি (kēṭali)
dishwasher	ডিশওয়াশার (ḍiśa'ōẏāśāra)
cooker	কুকার (kukāra)
oven	ওভেন (ōbhēna)
microwave	মাইক্রোওয়েভ (mā'ikrō'ōẏēbha)
fridge	ফ্রিজ (phrija)
washing machine	ওয়াশিং মেশিন (ōẏāśiṁ mēśina)
heating	হিটিং (hiṭiṁ)
remote control	রিমোট কন্ট্রোল (rimōṭa kanṭrōla)
sponge	স্পঞ্জ (spañja)
wooden spoon	কাঠের চামচ (kāṭhēra cāmaca)
chopstick	চপস্টিক (capasṭika)

1176 - 1200

cutlery	ছুরি-কাঁটা-চামচ (churi-kām̐ṭā-cāmaca)
spoon	চামচ (cāmaca)
fork	কাঁটাচামচ (kām̐ṭācāmaca)
ladle	হাতা (hātā)
pot	পাত্র (pātra)
pan	কড়াই (kaṛā'i)
light bulb	বৈদ্যুতিক বাল্ব (baidyutika bālba)
alarm clock	এলার্ম ঘড়ি (ēlārma ghaṛi)
safe (for money)	সিন্দুক (sinduka)
bookshelf	বুকশেলফ (bukaśēlapha)
curtain	পর্দা (pardā)
mattress	জাজিম (jājima)
pillow	বালিশ (bāliśa)
blanket	কম্বল (kambala)
shelf	তাক (tāka)
drawer	ড্রয়ার (ḍraẏāra)
wardrobe	ওয়্যারড্রোব (ōẏyāraḍrōba)
bucket	বালতি (bālati)
broom	ঝাড়ু (jhāṛu)
washing powder	ওয়াশিং পাউডার (ōẏāśiṁ pā'uḍāra)
scale	পাল্লা (pāllā)
laundry basket	লন্ড্রি ঝুড়ি (lanḍri jhuṛi)
bathtub	বাথটাব (bāthaṭāba)
bath towel	গোসলের তোয়ালে (gōsalēra tōẏālē)
soap	সাবান (sābāna)

1201 - 1225

toilet paper	টয়লেট পেপার (ṭaẏalēṭa pēpāra)
towel	তোয়ালে (tōẏālē)
basin	বেসিন (bēsina)
stool	টুল (ṭula)
light switch	লাইট সুইচ (lā'iṭa su'ica)
calendar	ক্যালেন্ডার (kyālēnḍāra)
power outlet	পাওয়ার আউটলেট (pā'ōẏāra ā'uṭalēṭa)
carpet	কার্পেট (kārpēṭa)
saw	করাত (karāta)
axe	কুড়াল (kuṛāla)
ladder	মই (ma'i)
hose	পানির পাইপ (pānira pā'ipa)
shovel	বেলচা (bēlacā)
shed	চালা (cālā)
pond	পুকুর (pukura)
mailbox (for letters)	ডাকবাক্স (ḍākabāksa)
fence	বেড়া (bēṛā)
deck chair	ডেক চেয়ার (ḍēka cēẏāra)
ice cream	আইসক্রিম (ā'isakrima)
cream (food)	দই (da'i)
butter	মাখন (mākhana)
yoghurt	দই (da'i)
fishbone	মাছের কাঁটা (māchēra kām̐ṭā)
tuna	টুনা (ṭunā)
salmon	স্যালমন মাছ (syālamana mācha)

1226 - 1250

lean meat	চর্বিহীন মাংস (carbihīna mānsa)
fat meat	চর্বিযুক্ত মাংস (carbiyukta mānsa)
ham	হ্যাম (hyāma)
salami	সালামি (sālāmi)
bacon	বেকন (bēkana)
steak	স্টেক (sṭēka)
sausage	সসেজ (sasēja)
turkey	টার্কির মাংস (ṭārkira mānsa)
chicken (meat)	মুরগির মাংস (muragira mānsa)
beef	গরুর মাংস (garura mānsa)
pork	শূকরের মাংস (śūkarēra mānsa)
lamb	ভেড়ার মাংস (bhēṛāra mānsa)
pumpkin	কুমড়া (kumaṛā)
mushroom	মাশরুম (māśaruma)
truffle	কন্দজাতীয় ছত্রাক (kandajātīẏa chatrāka)
garlic	রসুন (rasuna)
leek	পলাণ্ডু (palāṇḍu)
ginger	আদা (ādā)
aubergine	বেগুন (bēguna)
sweet potato	মিষ্টি আলু (miṣṭi ālu)
carrot	গাজর (gājara)
cucumber	শসা (śasā)
chili	কাঁচা মরিচ (kām̐cā marica)
pepper (vegetable)	মরিচ (marica)
onion	পেঁয়াজ (pēm̐ẏāja)

1251 - 1275

potato	আলু (ālu)
cauliflower	ফুলকপি (phulakapi)
cabbage	বাঁধাকপি (bām̐dhākapi)
broccoli	ব্রকলি (brakali)
lettuce	লেটুস (lēṭusa)
spinach	পালং শাক (pālaṁ śāka)
bamboo (food)	বাঁশ (bām̐śa)
corn	ভুট্টা (bhuṭṭā)
celery	সেলারি (sēlāri)
pea	মটরশুঁটি (maṭaraśum̐ṭi)
bean	শিম (śima)
pear	নাশপাতি (nāśapāti)
apple	আপেল (āpēla)
peel	খোসা (khōsā)
pit	ফলের বীচি (phalēra bīci)
olive	জলপাই (jalapā'i)
date (food)	খেজুর (khējura)
fig	ডুমুর (ḍumura)
coconut	নারকেল (nārakēla)
almond	বাদাম (bādāma)
hazelnut	হ্যাজেল নাট (hyājēla nāṭa)
peanut	চিনাবাদাম (cinābādāma)
banana	কলা (kalā)
mango	আম (āma)
kiwi	কিউই (ki'u'i)

1276 - 1300

avocado	অ্যাভোকাডো (ayābhōkāḍō)
pineapple	আনারস (ānārasa)
water melon	তরমুজ (taramuja)
grape	আঙুর (āṅura)
sugar melon	বাঙ্গি (bāṅgi)
raspberry	রাস্পবেরি (rāspabēri)
blueberry	ব্লুবেরি (blubēri)
strawberry	স্ট্রবেরি (sṭrabēri)
cherry	চেরি (cēri)
plum	বরই (bara'i)
apricot	এপ্রিকট (ēprikaṭa)
peach	পীচ (pīca)
lemon	লেবু (lēbu)
grapefruit	জাম্বুরা (jāmburā)
orange (food)	কমলা (kamalā)
tomato	টমেটো (ṭamēṭō)
mint	পুদিনা (pudinā)
lemongrass	লেমন গ্রাস (lēmana grāsa)
cinnamon	দারুচিনি (dārucini)
vanilla	ভ্যানিলা (bhyānilā)
salt	লবণ (labaṇa)
pepper (spice)	মরিচ (marica)
curry	তরকারি (tarakāri)
tobacco	তামাক (tāmāka)
tofu	টফু (ṭaphu)

1301 - 1325

vinegar	ভিনেগার (bhinēgāra)
noodle	নুডল (nuḍala)
soy milk	সয়াদুধ (saẏādudha)
flour	ময়দা (maẏadā)
rice	চাল (cāla)
oat	ওট (ōṭa)
wheat	গম (gama)
soy	সয়া (saẏā)
nut	বাদাম (bādāma)
scrambled eggs	ডিম ভুনা (ḍima bhunā)
porridge	জাউ (jā'u)
cereal	খাদ্যশস্য (khādyaśasya)
honey	মধু (madhu)
jam	জ্যাম (jyāma)
chewing gum	চুইংগাম (cu'iṅgāma)
apple pie	আপেল পাই (āpēla pā'i)
waffle	ওয়াফল (ōẏāphala)
pancake	প্যানকেক (pyānakēka)
cookie	কুকি (kuki)
pudding	পুডিং (puḍiṁ)
muffin	মাফিন (māphina)
doughnut	ডোনাট (ḍōnāṭa)
energy drink	শক্তিবর্ধক পানীয় (śaktibardhaka pānīẏa)
orange juice	কমলার রস (kamalāra rasa)
apple juice	আপেলের রস (āpēlēra rasa)

1326 - 1350

milkshake	মিল্ক শেক (milka śēka)
coke	কোক (kōka)
lemonade	লেমোনেড (lēmōnēḍa)
hot chocolate	হট চকলেট (haṭa cakalēṭa)
milk tea	দুধ চা (dudha cā)
green tea	গ্রিন টী (grina ṭī)
black tea	ব্ল্যাক টী (blyāka ṭī)
tap water	কলের পানি (kalēra pāni)
cocktail	ককটেল (kakaṭēla)
champagne	শ্যাম্পেন (śyāmpēna)
rum	রাম (rāma)
whiskey	হুইস্কি (hu'iski)
vodka	ভদকা (bhadakā)
buffet	বুফে (buphē)
tip	বখশিশ (bakhaśiśa)
menu	মেনু (mēnu)
seafood	সীফুড (sīphuḍa)
snack	জলখাবার (jalakhābāra)
side dish	সাইড ডিশ (sā'iḍa ḍiśa)
spaghetti	স্প্যাঘেটি (spyāghēṭi)
roast chicken	মুরগীর রোস্ট (muragīra rōsṭa)
potato salad	আলুর সালাদ (ālura sālāda)
mustard	সরিষা (sariṣā)
sushi	সুশি (suśi)
popcorn	পপকর্ন (papakarna)

1351 - 1375

nachos	নাচোস (nācōsa)
chips	চিপস (cipasa)
French fries	ফ্রেঞ্চ ফ্রাই (phrēñca phrā'i)
chicken wings	চিকেন উইংস (cikēna u'insa)
mayonnaise	মেয়নেজ (mēẏanēja)
tomato sauce	টমেটো সস (ṭamēṭō sasa)
sandwich	স্যান্ডউইচ (syānḍa'u'ica)
hot dog	হটডগ (haṭaḍaga)
burger	বার্গার (bārgāra)
booking	বুকিং (bukiṁ)
hostel	ছাত্রাবাস (chātrābāsa)
visa	ভিসা (bhisā)
passport	পাসপোর্ট (pāsapōrṭa)
diary	ডায়েরি (ḍāẏēri)
postcard	পোস্টকার্ড (pōsṭakārḍa)
backpack	ব্যাকপ্যাক (byākapyāka)
campfire	ক্যাম্প ফায়ার (kyāmpa phāẏāra)
sleeping bag	স্লিপিং ব্যাগ (slipiṁ byāga)
tent	তাঁবু (tām̐bu)
camping	ক্যাম্পিং (kyāmpiṁ)
membership	সদস্যপদ (sadasyapada)
reservation	সংরক্ষণ (sanrakṣaṇa)
dorm room	ছাত্রাবাস (chātrābāsa)
double room	ডাবল রুম (ḍābala ruma)
single room	সিঙ্গেল রুম (siṅgēla ruma)

1376 - 1400

luggage	লাগেজ (lāgēja)
lobby	লবি (labi)
decade	দশক (daśaka)
century	শতাব্দী (śatābdī)
millennium	সহস্রাব্দ (sahasrābda)
Thanksgiving	থ্যাঙ্কসগিভিং (thyāṅkasagibhiṁ)
Halloween	হ্যালোইন (hyālō'ina)
Ramadan	রমজান (ramajāna)
grandchild	নাতী-নাতনী (nātī-nātanī)
siblings	ভাইবোন (bhā'ibōna)
mother-in-law	শাশুড়ি (śāśuṛi)
father-in-law	শ্বশুর (śbaśura)
granddaughter	নাতনী (nātanī)
grandson	নাতি (nāti)
son-in-law	জামাতা (jāmātā)
daughter-in-law	পুত্রবধু (putrabadhu)
nephew	ভাইপো (bhā'ipō)
niece	ভাইঝি (bhā'ijhi)
cousin (female)	তুতো বোন (tutō bōna)
cousin (male)	তুতো ভাই (tutō bhā'i)
cemetery	কবরস্থান (kabarasthāna)
gender	লিঙ্গ (liṅga)
urn	শবাধার (śabādhāra)
orphan	অনাথ (anātha)
corpse	মৃতদেহ (mr̥tadēha)

1401 - 1425

coffin	কফিন (kaphina)
retirement	অবসর গ্রহণ (abasara grahaṇa)
funeral	অন্ত্যেষ্টিক্রিয়া (antyēṣṭikriẏā)
honeymoon	মধুচন্দ্রিমা (madhucandrimā)
wedding ring	বিয়ের আংটি (biẏēra ānṭi)
lovesickness	প্রেম রোগ (prēma rōga)
vocational training	বৃত্তিমূলক প্রশিক্ষণ (br̥ttimūlaka praśikṣaṇa)
high school	উচ্চ বিদ্যালয় (ucca bidyālaẏa)
junior school	জুনিয়র স্কুল (juniẏara skula)
twins	যমজ (yamaja)
primary school	প্রাথমিক বিদ্যালয় (prāthamika bidyālaẏa)
kindergarten	কিন্ডারগার্টেন (kinḍāragārṭēna)
birth	জন্ম (janma)
birth certificate	জন্ম সনদ (janma sanada)
hand brake	হ্যান্ড ব্রেক (hyānḍa brēka)
battery	ব্যাটারি (byāṭāri)
motor	মোটর (mōṭara)
windscreen wiper	উইন্ডস্ক্রীন ওয়াইপার (u'inḍaskrīna ōẏā'ipāra)
GPS	জিপিএস (jipi'ēsa)
airbag	এয়ারব্যাগ (ēẏārabyāga)
horn	হর্ন (harna)
clutch	ক্লাচ (klāca)
brake	ব্রেক (brēka)
throttle	থ্রটল (thraṭala)
steering wheel	স্টিয়ারিং হুইল (sṭiẏāriṁ hu'ila)

1426 - 1450

petrol	পেট্রল (pēṭrala)
diesel	ডিজেল (ḍijēla)
seatbelt	সিটবেল্ট (siṭabēlṭa)
bonnet	বনেট (banēṭa)
tyre	টায়ার (ṭāẏāra)
rear trunk	পিছনের ট্রাঙ্ক (pichanēra ṭrāṅka)
railtrack	রেল ট্র্যাক (rēla ṭryāka)
ticket vending machine	টিকেট ভেন্ডিং মেশিন (ṭikēṭa bhēnḍiṁ mēśina)
ticket office	টিকিট অফিস (ṭikiṭa aphisa)
subway	পাতাল রেল (pātāla rēla)
high-speed train	উচ্চ গতির ট্রেন (ucca gatira ṭrēna)
locomotive	লোকোমোটিভ (lōkōmōṭibha)
platform	প্ল্যাটফর্ম (plyāṭapharma)
tram	ট্রাম (ṭrāma)
school bus	স্কুলবাস (skulabāsa)
minibus	মিনিবাস (minibāsa)
fare	ভাড়া (bhāṛā)
timetable	সময়সূচী (samaẏasūcī)
airport	বিমানবন্দর (bimānabandara)
departure	প্রস্থান (prasthāna)
arrival	আগমন (āgamana)
customs	শুল্ক বিভাগ (śulka bibhāga)
airline	এয়ারলাইন (ēẏāralā'ina)
helicopter	হেলিকপ্টার (hēlikapṭāra)
check-in desk	চেক-ইন ডেস্ক (cēka-ina ḍēska)

1451 - 1475

carry-on luggage	হাতে-বাহিত মালপত্র (hātē-bāhita mālapatra)
first class	প্রথম শ্রেণী (prathama śrēṇī)
economy class	ইকোনমি ক্লাস (ikōnami klāsa)
business class	বিজনেস ক্লাস (bijanēsa klāsa)
emergency exit (on plane)	জরুরী বহির্গমন (jarurī bahirgamana)
aisle	করিডোর (kariḍōra)
window (in plane)	জানালা (jānālā)
row	সারি (sāri)
wing	ডানা (ḍānā)
engine	ইঞ্জিন (iñjina)
cockpit	ককপিট (kakapiṭa)
life jacket	লাইফ জ্যাকেট (lā'ipha jyākēṭa)
container	কন্টেইনার (kanṭē'ināra)
submarine	ডুবোজাহাজ (ḍubōjāhāja)
cruise ship	প্রমোদ তরী (pramōda tarī)
container ship	মালবাহী জাহাজ (mālabāhī jāhāja)
yacht	ইয়ট (iẏaṭa)
ferry	ফেরি (phēri)
harbour	বন্দর (bandara)
lifeboat	লাইফ বোট (lā'ipha bōṭa)
radar	রাডার (rāḍāra)
anchor	নোঙ্গর (nōṅgara)
life buoy	লাইফ বয়া (lā'ipha baẏā)
street light	রাস্তার লাইট (rāstāra lā'iṭa)
pavement	ফুটপাথ (phuṭapātha)

1476 - 1500

petrol station	পেট্রোল স্টেশন (pēṭrōla sṭēśana)
construction site	নির্মাণ সাইট (nirmāṇa sā'iṭa)
speed limit	গতিসীমা (gatisīmā)
pedestrian crossing	পথচারী পারাপার (pathacārī pārāpāra)
one-way street	একমুখী রাস্তা (ēkamukhī rāstā)
toll	টোল (ṭōla)
intersection	ছেদ (chēda)
traffic jam	যানজট (yānajaṭa)
motorway	মোটরওয়ে (mōṭara'ōẏē)
tank	ট্যাংক (ṭyāṅka)
road roller	রোড রোলার (rōḍa rōlāra)
excavator	খনক (khanaka)
tractor	ট্র্যাক্টর (ṭryākṭara)
air pump	বায়ু পাম্প (bāẏu pāmpa)
chain	শিকল (śikala)
jack	জ্যাক (jyāka)
trailer	ট্রেইলার (ṭrē'ilāra)
motor scooter	স্কুটার (skuṭāra)
cable car	ক্যাবল কার (kyābala kāra)
guitar	গিটার (giṭāra)
drums	ড্রামস (ḍrāmasa)
keyboard (music)	কীবোর্ড (kībōrḍa)
trumpet	ট্রাম্পেট (ṭrāmpēṭa)
piano	পিয়ানো (piẏānō)
saxophone	স্যাক্সোফোন (syāksōphōna)

1501 - 1525

violin	বেহালা (bēhālā)
concert	কনসার্ট (kanasārṭa)
note (music)	সুর (sura)
opera	অপেরা (apērā)
orchestra	অর্কেস্ট্রা (arkēsṭrā)
rap	র‍্যাপ (rayāpa)
classical music	উচ্চাঙ্গ সংগীত (uccāṅga saṅgīta)
folk music	লোক সঙ্গীত (lōka saṅgīta)
rock (music)	রক (raka)
pop	পপ (papa)
jazz	জ্যাজ (jyāja)
theatre	থিয়েটার (thiẏēṭāra)
brush (to paint)	তুলি (tuli)
samba	সাম্বা (sāmbā)
rock 'n' roll	রক এন রোল (raka ēna rōla)
Viennese waltz	ভিয়েনা ওয়াল্টজ (bhiẏēnā ōẏālṭaja)
tango	ট্যাঙ্গো (ṭyāṅgō)
salsa	সালসা (sālasā)
alphabet	বর্ণমালা (barṇamālā)
novel	উপন্যাস (upan'yāsa)
text	পাঠ (pāṭha)
heading	শিরোনাম (śirōnāma)
character	অক্ষর (akṣara)
letter (like a, b, c)	বর্ণ (barṇa)
content	বিষয়বস্তু (biṣaẏabastu)

1526 - 1550

photo album	ছবির এলবাম (chabira ēlabāma)
comic book	কমিক বই (kamika ba'i)
sports ground	খেলার মাঠ (khēlāra māṭha)
dictionary	অভিধান (abhidhāna)
term	মেয়াদ (mēẏāda)
notebook	নোটবই (nōṭaba'i)
blackboard	ব্ল্যাকবোর্ড (blyākabōrḍa)
schoolbag	স্কুল ব্যাগ (skula byāga)
school uniform	স্কুল ইউনিফর্ম (skula i'unipharma)
geometry	জ্যামিতি (jyāmiti)
politics	রাজনীতি (rājanīti)
philosophy	দর্শন (darśana)
economics	অর্থনীতি (arthanīti)
physical education	শারীরিক শিক্ষা (śārīrika śikṣā)
biology	জীববিজ্ঞান (jībabijñāna)
mathematics	গণিত (gaṇita)
geography	ভূগোল (bhūgōla)
literature	সাহিত্য (sāhitya)
Arabic	আরবী (ārabī)
German	জার্মান (jārmāna)
Japanese	জাপানীজ (jāpānīja)
Mandarin	ম্যান্ডারিন (myānḍārina)
Spanish	স্প্যানিশ (spyāniśa)
chemistry	রসায়ন (rasāẏana)
physics	পদার্থবিজ্ঞান (padārthabijñāna)

1551 - 1575

ruler	স্কেল (skēla)
rubber	রাবার (rābāra)
scissors	কাঁচি (kām̐ci)
adhesive tape	আঠালো টেপ (āṭhālō ṭēpa)
glue	আঠা (āṭhā)
ball pen	বলপেন (balapēna)
paperclip	পেপার ক্লিপ (pēpāra klipa)
100%	একশো শতাংশ (ēkaśō śatānśa)
0%	শূন্য শতাংশ (śūn'ya śatānśa)
cubic meter	ঘন মিটার (ghana miṭāra)
square meter	বর্গ মিটার (barga miṭāra)
mile	মাইল (mā'ila)
meter	মিটার (miṭāra)
decimeter	ডেসিমিটার (ḍēsimiṭāra)
centimeter	সেন্টিমিটার (sēnṭimiṭāra)
millimeter	মিলিমিটার (milimiṭāra)
addition	যোগ (yōga)
subtraction	বিয়োগ (biẏōga)
multiplication	গুণ (guṇa)
division	ভাগ (bhāga)
fraction	ভগ্নাংশ (bhagnānśa)
sphere	গোলক (gōlaka)
width	প্রস্থ (prastha)
height	উচ্চতা (uccatā)
volume	আয়তন (āẏatana)

1576 - 1600

curve	বক্ররেখা (bakrarēkhā)
angle	কোণ (kōṇa)
straight line	সরলরেখা (saralarēkhā)
pyramid	পিরামিড (pirāmiḍa)
cube	ঘনক্ষেত্র (ghanakṣētra)
rectangle	আয়তক্ষেত্র (āẏatakṣētra)
triangle	ত্রিভুজ (tribhuja)
radius	ব্যাসার্ধ (byāsārdha)
watt	ওয়াট (ōẏāṭa)
ampere	অ্যাম্পিয়ার (ayāmpiẏāra)
volt	ভোল্ট (bhōlṭa)
force	বল (bala)
liter	লিটার (liṭāra)
milliliter	মিলিলিটার (mililiṭāra)
ton	টন (ṭana)
kilogram	কিলোগ্রাম (kilōgrāma)
gram	গ্রাম (grāma)
magnet	চুম্বক (cumbaka)
microscope	অণুবীক্ষণ যন্ত্র (aṇubīkṣaṇa yantra)
funnel	ফানেল (phānēla)
laboratory	পরীক্ষাগার (parīkṣāgāra)
canteen	ক্যান্টিন (kyānṭina)
lecture	লেকচার (lēkacāra)
scholarship	বৃত্তি (br̥tti)
diploma	ডিপ্লোমা (ḍiplōmā)

1601 - 1625

lecture theatre	লেকচার থিয়েটার (lēkacāra thiẏēṭāra)
3.4	তিন দশমিক চার (tina daśamika cāra)
3 to the power of 5	তিন এর সূচক পাঁচ (tina ēra sūcaka pām̐ca)
4 / 2	চার ভাগ দুই (cāra bhāga du'i)
1 + 1 = 2	এক যোগ এক সমান দুই (ēka yōga ēka samāna du'i)
full stop	দাঁড়ি (dām̐ṛi)
6^3	ছয়ের ঘনফল (chaẏēra ghanaphala)
4^2	চারের বর্গফল (cārēra bargaphala)
contact@pinhok.com	কন্টাক্ট অ্যাট পিনহক ডট কম (kanṭākṭa ayāṭa pinahaka ḍaṭa kama)
&	এবং (ēbaṁ)
/	স্ল্যাশ (slyāśa)
()	বন্ধনী (bandhanī)
semicolon	সেমিকোলন (sēmikōlana)
comma	কমা (kamā)
colon	কোলন (kōlana)
www.pinhok.com	ডব্লিউ ডব্লিউ ডব্লিউ ডট পিনহক ডট কম (ḍabli'u ḍabli'u ḍabli'u ḍaṭa pinahaka ḍaṭa kama)
underscore	আন্ডারস্কোর (ānḍāraskōra)
hyphen	হাইফেন (hā'iphēna)
3 - 2	তিন বিয়োগ দুই (tina biẏōga du'i)
apostrophe	ঊর্ধকমা (ūrdhakamā)
2 x 3	দুই গুণ তিন (du'i guṇa tina)
1 + 2	এক যোগ দুই (ēka yōga du'i)
exclamation mark	আশ্চর্যবোধক চিহ্ন (āścaryabōdhaka cihna)
question mark	প্রশ্নবোধক চিহ্ন (praśnabōdhaka cihna)
space	খালি স্থান (khāli sthāna)

1626 - 1650

soil	মাটি (māṭi)
lava	লাভা (lābhā)
coal	কয়লা (kaẏalā)
sand	বালি (bāli)
clay	কাদামাটি (kādāmāṭi)
rocket	রকেট (rakēṭa)
satellite	উপগ্রহ (upagraha)
galaxy	ছায়াপথ (chāẏāpatha)
asteroid	গ্রহাণু (grahāṇu)
continent	মহাদেশ (mahādēśa)
equator	বিষুবরেখা (biṣubarēkhā)
South Pole	দক্ষিণ মেরু (dakṣiṇa mēru)
North Pole	উত্তর মেরু (uttara mēru)
stream	খাঁড়ি (khām̐ṛi)
rainforest	রেইনফরেস্ট (rē'inapharēsṭa)
cave	গুহা (guhā)
waterfall	জলপ্রপাত (jalaprapāta)
shore	উপকূল (upakūla)
glacier	হিমবাহ (himabāha)
earthquake	ভূমিকম্প (bhūmikampa)
crater	জ্বালামুখ (jbālāmukha)
volcano	আগ্নেয়গিরি (āgnēẏagiri)
canyon	গিরিখাত (girikhāta)
atmosphere	বায়ুমণ্ডল (bāẏumaṇḍala)
pole	মেরু (mēru)

1651 - 1675

12 °C	বারো ডিগ্রী সেন্টিগ্রেড (bārō ḍigrī sēnṭigrēḍa)
0 °C	শূণ্য ডিগ্রী সেন্টিগ্রেড (śūṇya ḍigrī sēnṭigrēḍa)
-2 °C	মাইনাস দুই ডিগ্রী সেন্টিগ্রেড (mā'ināsa du'i ḍigrī sēnṭigrēḍa)
Fahrenheit	ফারেনহাইট (phārēnahā'iṭa)
centigrade	সেন্টিগ্রেড (sēnṭigrēḍa)
tornado	টর্নেডো (ṭarnēḍō)
flood	বন্যা (ban'yā)
fog	কুয়াশা (kuẏāśā)
rainbow	রংধনু (randhanu)
thunder	বজ্র (bajra)
lightning	বজ্রপাত (bajrapāta)
thunderstorm	বজ্রবৃষ্টি (bajrabr̥ṣṭi)
temperature	তাপমাত্রা (tāpamātrā)
typhoon	টাইফুন (ṭā'iphuna)
hurricane	হারিকেন (hārikēna)
cloud	মেঘ (mēgha)
sunshine	রোদ (rōda)
bamboo (plant)	বাঁশ (bām̐śa)
palm tree	তাল গাছ (tāla gācha)
branch	শাখা (śākhā)
leaf	পাতা (pātā)
root	শিকড় (śikaṛa)
trunk	গাছের গুঁড়ি (gāchēra gum̐ṛi)
cactus	ক্যাকটাস (kyākaṭāsa)
sunflower	সূর্যমুখী (sūryamukhī)

1676 - 1700

seed	বীজ (bīja)
blossom	পুষ্প (puṣpa)
stalk	বৃন্ত (br̥nta)
plastic	প্লাস্টিক (plāsṭika)
carbon dioxide	কার্বন ডাই অক্সাইড (kārbana ḍā'i aksā'iḍa)
solid	কঠিন (kaṭhina)
fluid	তরল (tarala)
atom	পরমাণু (paramāṇu)
iron	লোহা (lōhā)
oxygen	অক্সিজেন (aksijēna)
flip-flops	চপ্পল (cappala)
leather shoes	চামড়ার জুতা (cāmaṛāra jutā)
high heels	হাই হিল (hā'i hila)
trainers	কেডস (kēḍasa)
raincoat	রেইনকোট (rē'inakōṭa)
jeans	জিন্স (jinsa)
skirt	স্কার্ট (skārṭa)
shorts	শর্টস (śarṭasa)
pantyhose	প্যান্টিহোস (pyānṭihōsa)
thong	থং (thaṁ)
panties	প্যান্টি (pyānṭi)
crown	মুকুট (mukuṭa)
tattoo	উলকি (ulaki)
sunglasses	সানগ্লাস (sānaglāsa)
umbrella	ছাতা (chātā)

1701 - 1725

earring	কানের দুল (kānēra dula)
necklace	হার (hāra)
baseball cap	বেসবল ক্যাপ (bēsabala kyāpa)
belt	বেল্ট (bēlṭa)
tie	টাই (ṭā'i)
knit cap	বোনা টুপি (bōnā ṭupi)
scarf	স্কার্ফ (skārpha)
glove	দস্তানা (dastānā)
swimsuit	স্যুইমস্যুট (syu'imasyuṭa)
bikini	বিকিনি (bikini)
swim trunks	সুইমিং ট্রাঙ্কস (su'imiṁ ṭrāṅkasa)
swim goggles	সুইমিং গগলস (su'imiṁ gagalasa)
barrette	চুলের ক্লিপ (culēra klipa)
brunette	বাদামী চুল (bādāmī cula)
blond	স্বর্ণকেশী (sbarṇakēśī)
bald head	টাক মাথা (ṭāka māthā)
straight (hair)	সোজা (sōjā)
curly	কোঁকড়া (kōm̐kaṛā)
button	বোতাম (bōtāma)
zipper	জিপার (jipāra)
sleeve	হাতা (hātā)
collar	কলার (kalāra)
polyester	পলিয়েস্টার (paliẏēsṭāra)
silk	সিল্ক (silka)
cotton	তুলা (tulā)

1726 - 1750

wool	উল (ula)
changing room	পোশাক পরিবর্তনের ঘর (pōśāka paribartanēra ghara)
face mask	ফেস মাস্ক (phēsa māska)
perfume	সুগন্ধি (sugandhi)
tampon	ট্যাম্পুন (ṭyāmpuna)
nail scissors	নখকাটা কাঁচি (nakhakāṭā kām̐ci)
nail clipper	নেইল ক্লিপার (nē'ila klipāra)
hair gel	চুলের জেল (culēra jēla)
shower gel	শাওয়ার জেল (śā'ōẏāra jēla)
condom	কনডম (kanaḍama)
shaver	শেভার (śēbhāra)
razor	রেজর (rējara)
sunscreen	সানক্রিম (sānakrima)
face cream	ফেস ক্রিম (phēsa krima)
brush (for cleaning)	ব্রাশ (brāśa)
nail polish	নেইল পলিশ (nē'ila paliśa)
lip gloss	লিপ গ্লস (lipa glasa)
nail file	নেইল ফাইল (nē'ila phā'ila)
foundation	ফাউন্ডেশন (phā'unḍēśana)
mascara	মাসকারা (māsakārā)
eye shadow	আই শ্যাডো (ā'i śyāḍō)
warranty	ওয়ারেন্টি (ōẏārēnṭi)
bargain	দর-কষাকষি করা (dara-kaṣākaṣi karā)
cash register	ক্যাশ রেজিস্টার (kyāśa rējisṭāra)
basket	ঝুড়ি (jhuṛi)

1751 - 1775

shopping mall	শপিং মল (śapiṁ mala)
pharmacy	ফার্মেসি (phārmēsi)
skyscraper	গগনচুম্বী অট্টালিকা (gaganacumbī aṭṭālikā)
castle	দুর্গ (durga)
embassy	দূতাবাস (dūtābāsa)
synagogue	সিনাগগ (sināgaga)
temple	মন্দির (mandira)
factory	কারখানা (kārakhānā)
mosque	মসজিদ (masajida)
town hall	টাউন হল (ṭā'una hala)
post office	ডাকঘর (ḍākaghara)
fountain	ফোয়ারা (phōẏārā)
night club	নাইট ক্লাব (nā'iṭa klāba)
bench	বেঞ্চ (bēñca)
golf course	গলফ কোর্স (galapha kōrsa)
football stadium	ফুটবল স্টেডিয়াম (phuṭabala sṭēḍiẏāma)
swimming pool (building)	সুইমিং পুল (su'imiṁ pula)
tennis court	টেনিস কোর্ট (ṭēnisa kōrṭa)
tourist information	পর্যটন তথ্য (paryaṭana tathya)
casino	ক্যাসিনো (kyāsinō)
art gallery	চিত্রশালা (citraśālā)
museum	জাদুঘর (jādughara)
national park	জাতীয় উদ্যান (jātīẏa udyāna)
tourist guide	পর্যটক গাইড (paryaṭaka gā'iḍa)
souvenir	স্মারক সামগ্রী (smāraka sāmagrī)

1776 - 1800

alley	গলি (gali)
dam	বাঁধ (bām̐dha)
steel	ইস্পাত (ispāta)
crane	ক্রেন (krēna)
concrete	কংক্রিট (kaṅkriṭa)
scaffolding	মাচান (mācāna)
brick	ইট (iṭa)
paint	রং (raṁ)
nail	পেরেক (pērēka)
screwdriver	স্ক্রু ড্রাইভার (skru ḍrā'ibhāra)
tape measure	মাপার ফিতা (māpāra phitā)
pincers	চিমটা (cimaṭā)
hammer	হাতুড়ি (hāturi)
drilling machine	ড্রিলিং মেশিন (ḍriliṁ mēśina)
aquarium	অ্যাকুয়ারিয়াম (ayākuẏāriẏāma)
water slide	ওয়াটার স্লাইড (ōẏāṭāra slā'iḍa)
roller coaster	রোলার কোস্টার (rōlāra kōsṭāra)
water park	ওয়াটার পার্ক (ōẏāṭāra pārka)
zoo	চিড়িয়াখানা (ciṛiẏākhānā)
playground	খেলার মাঠ (khēlāra māṭha)
slide	স্লাইড (slā'iḍa)
swing	দোলনা (dōlanā)
sandbox	স্যান্ডবক্স (syānḍabaksa)
helmet	হেলমেট (hēlamēṭa)
uniform	ইউনিফর্ম (i'unipharma)

1801 - 1825

fire (emergency)	আগুন (āguna)
emergency exit (in building)	জরুরী বহির্গমন (jarurī bahirgamana)
fire alarm	ফায়ার এলার্ম (phāẏāra ēlārma)
fire extinguisher	অগ্নি নির্বাপক (agni nirbāpaka)
police station	থানা (thānā)
state	রাজ্য (rājya)
region	অঞ্চল (añcala)
capital	রাজধানী (rājadhānī)
visitor	দর্শনার্থী (darśanārthī)
emergency room	জরুরী বিভাগ (jarurī bibhāga)
intensive care unit	ইনটেনসিভ কেয়ার ইউনিট (inaṭēnasibha kēẏāra i'uniṭa)
outpatient	বহির্বিভাগীয় রোগী (bahirbibhāgīẏa rōgī)
waiting room	বিশ্রামাগার (biśrāmāgāra)
aspirin	অ্যাসপিরিন (ayāsapirina)
sleeping pill	ঘুমের বড়ি (ghumēra baṛi)
expiry date	মেয়াদ উত্তীর্ণের তারিখ (mēẏāda uttīrṇēra tārikha)
dosage	ডোজ (ḍōja)
cough syrup	কাশির সিরাপ (kāśira sirāpa)
side effect	পার্শ্ব প্রতিক্রিয়া (pārśba pratikriẏā)
insulin	ইনসুলিন (inasulina)
powder	গুঁড়া (gum̐ṛā)
capsule	ক্যাপসুল (kyāpasula)
vitamin	ভিটামিন (bhiṭāmina)
infusion	ইনফিউশন (inaphi'uśana)
painkiller	ব্যাথানাশক (byāthānāśaka)

1826 - 1850

antibiotics	অ্যান্টিবায়োটিক (ayānṭibāẏōṭika)
inhaler	ইনহেলার (inahēlāra)
bacterium	ব্যাকটেরিয়া (byākaṭēriẏā)
virus	ভাইরাস (bhā'irāsa)
heart attack	হার্ট অ্যাটাক (hārṭa ayāṭāka)
diarrhea	ডায়রিয়া (ḍāẏariẏā)
diabetes	ডায়াবেটিস (ḍāẏābēṭisa)
stroke	স্ট্রোক (sṭrōka)
asthma	অ্যাজমা (ayājamā)
cancer	ক্যান্সার (kyānsāra)
nausea	বমি বমি ভাব (bami bami bhāba)
flu	ফ্লু (phlu)
toothache	দাঁতের ব্যাথা (dām̐tēra byāthā)
sunburn	রোদে পোড়া (rōdē pōṛā)
poisoning	বিষক্রিয়া (biṣakriẏā)
sore throat	গলা ব্যথা (galā byathā)
hay fever	খড় জ্বর (khaṛa jbara)
stomach ache	পেট ব্যথা (pēṭa byathā)
infection	সংক্রমণ (saṅkramaṇa)
allergy	অ্যালার্জি (ayālārji)
cramp	খিঁচ (khim̐ca)
nosebleed	নাক দিয়ে রক্ত পড়া (nāka diẏē rakta paṛā)
headache	মাথা ব্যাথা (māthā byāthā)
spray	স্প্রে (sprē)
syringe (tool)	সিরিঞ্জ (siriñja)

1851 - 1875

needle	সুই (su'i)
dental brace	দাঁতের ব্রেস (dām̐tēra brēsa)
crutch	ক্রাচ (krāca)
X-ray photograph	এক্স-রে ফটোগ্রাফ (ēksa-rē phaṭōgrāpha)
ultrasound machine	আল্ট্রাসাউন্ড মেশিন (ālṭrāsā'unḍa mēśina)
plaster	প্লাস্টার (plāsṭāra)
bandage	ব্যান্ডেজ (byānḍēja)
wheelchair	হুইল চেয়ার (hu'ila cēẏāra)
blood test	রক্ত পরীক্ষা (rakta parīkṣā)
cast	কাস্ট (kāsṭa)
fever thermometer	জ্বরের থার্মোমিটার (jbarēra thārmōmiṭāra)
pulse	নাড়ি (nāṛi)
injury	আঘাত (āghāta)
emergency	জরুরি অবস্থা (jaruri abasthā)
concussion	অভিঘাত (abhighāta)
suture	সেলাই (sēlā'i)
burn	পোড়া (pōṛā)
fracture	হাড় ভাঙা (hāṛa bhāṅā)
meditation	মেডিটেশন (mēḍiṭēśana)
massage	ম্যাসাজ (myāsāja)
birth control pill	জন্মনিয়ন্ত্রক ওষুধ (janmaniẏantraka ōṣudha)
pregnancy test	গর্ভধারণ পরীক্ষা (garbhadhāraṇa parīkṣā)
tax	কর (kara)
meeting room	সভা কক্ষ (sabhā kakṣa)
business card	বিজনেস কার্ড (bijanēsa kārḍa)

1876 - 1900

IT	তথ্য প্রযুক্তি (tathya prayukti)
human resources	মানব সম্পদ (mānaba sampada)
legal department	আইনী বিভাগ (ā'inī bibhāga)
accounting	হিসাবরক্ষণ (hisābarakṣaṇa)
marketing	বিপণন (bipaṇana)
sales	বিক্রয় (bikraẏa)
colleague	সহকর্মী (sahakarmī)
employer	নিয়োগকর্তা (niẏōgakartā)
employee	কর্মচারী (karmacārī)
note (information)	নোট (nōṭa)
presentation	প্রেজেন্টেশন (prējēnṭēśana)
folder (physical)	ফোল্ডার (phōlḍāra)
rubber stamp	রাবার স্ট্যাম্প (rābāra sṭyāmpa)
projector	প্রজেক্টর (prajēkṭara)
text message	টেক্সট মেসেজ (ṭēksaṭa mēsēja)
parcel	পার্সেল (pārsēla)
stamp	স্ট্যাম্প (sṭyāmpa)
envelope	খাম (khāma)
prime minister	প্রধানমন্ত্রী (pradhānamantrī)
pharmacist	ফার্মাসিস্ট (phārmāsisṭa)
firefighter	দমকলকর্মী (damakalakarmī)
dentist	দন্ত চিকিৎসক (danta cikiṭsaka)
entrepreneur	উদ্যোক্তা (udyōktā)
politician	রাজনীতিবিদ (rājanītibida)
programmer	প্রোগ্রামার (prōgrāmāra)

1901 - 1925

stewardess	বিমান বালা (bimāna bālā)
scientist	বিজ্ঞানী (bijñānī)
kindergarten teacher	কিন্ডারগার্টেন শিক্ষক (kinḍāragārṭēna śikṣaka)
architect	স্থপতি (sthapati)
accountant	হিসাবরক্ষক (hisābarakṣaka)
consultant	পরামর্শকারী (parāmarśakārī)
prosecutor	প্রসিকিউটর (prasiki'uṭara)
general manager	মহাব্যবস্থাপক (mahābyabasthāpaka)
bodyguard	দেহরক্ষী (dēharakṣī)
landlord	জমিদার (jamidāra)
conductor	কন্ডাক্টর (kanḍākṭara)
waiter	ওয়েটার (ōẏēṭāra)
security guard	নিরাপত্তা রক্ষী (nirāpattā rakṣī)
soldier	সৈনিক (sainika)
fisherman	জেলে (jēlē)
cleaner	ক্লিনার (klināra)
plumber	কলের মিস্ত্রি (kalēra mistri)
electrician	ইলেকট্রিশিয়ান (ilēkaṭriśiẏāna)
farmer	কৃষক (kr̥ṣaka)
receptionist	রিসেপশনিস্ট (risēpaśanisṭa)
postman	ডাকপিয়ন (ḍākapiẏana)
cashier	ক্যাশিয়ার (kyāśiẏāra)
hairdresser	নাপিত (nāpita)
author	লেখক (lēkhaka)
journalist	সাংবাদিক (sāmbādika)

1926 - 1950

photographer	ফটোগ্রাফার (phaṭōgrāphāra)
thief	চোর (cōra)
lifeguard	লাইফগার্ড (lā'iphagārḍa)
singer	গায়ক (gāẏaka)
musician	সুরকার (surakāra)
actor	অভিনেতা (abhinētā)
reporter	প্রতিবেদক (pratibēdaka)
coach (sport)	কোচ (kōca)
referee	রেফারি (rēphāri)
folder (computer)	ফোল্ডার (phōlḍāra)
browser	ব্রাউজার (brā'ujāra)
network	নেটওয়ার্ক (nēṭa'ōẏārka)
smartphone	স্মার্টফোন (smārṭaphōna)
earphone	ইয়ারফোন (iẏāraphōna)
mouse (computer)	মাউস (mā'usa)
keyboard (computer)	কীবোর্ড (kībōrḍa)
hard drive	হার্ড ড্রাইভ (hārḍa ḍrā'ibha)
USB stick	ইউএসবি স্টিক (i'u'ēsabi sṭika)
scanner	স্ক্যানার (skyānāra)
printer	প্রিন্টার (prinṭāra)
screen (computer)	পর্দা (pardā)
laptop	ল্যাপটপ (lyāpaṭapa)
fingerprint	আঙুলের ছাপ (āṅulēra chāpa)
suspect	সন্দেহভাজন (sandēhabhājana)
defendant	প্রতিবাদী (pratibādī)

1951 - 1975

investment	বিনিয়োগ (biniẏōga)
stock exchange	স্টক এক্সচেঞ্জ (sṭaka ēksacēñja)
share	শেয়ার (śēẏāra)
dividend	লভ্যাংশ (labhyānśa)
pound	পাউন্ড (pā'unḍa)
euro	ইউরো (i'urō)
yen	ইয়েন (iẏēna)
yuan	ইউয়ান (i'uẏāna)
dollar	ডলার (ḍalāra)
note (money)	নোট (nōṭa)
coin	মুদ্রা (mudrā)
interest	সুদ (suda)
loan	ঋণ (r̥ṇa)
account number	একাউন্ট নাম্বার (ēkā'unṭa nāmbāra)
bank account	ব্যাংক একাউন্ট (byāṅka ēkā'unṭa)
world record	বিশ্বরেকর্ড (biśbarēkarḍa)
stopwatch	স্টপওয়াচ (sṭapa'ōẏāca)
medal	পদক (padaka)
cup (trophy)	কাপ (kāpa)
robot	রোবট (rōbaṭa)
cable	তার (tāra)
plug	প্লাগ (plāga)
loudspeaker	লাউডস্পীকার (lā'uḍaspīkāra)
vase	ফুলদানি (phuladāni)
lighter	লাইটার (lā'iṭāra)

1976 - 2000

package	প্যাকেজ (pyākēja)
tin	টিনের কৌটা (ṭinēra kauṭā)
water bottle	পানির বোতল (pānira bōtala)
candle	মোমবাতি (mōmabāti)
torch	টর্চ (ṭarca)
cigarette	সিগারেট (sigārēṭa)
cigar	সিগার (sigāra)
compass	কম্পাস (kampāsa)
stockbroker	স্টক ব্রোকার (sṭaka brōkāra)
barkeeper	মদের দোকানী (madēra dōkānī)
gardener	মালী (mālī)
mechanic	মিস্ত্রি (mistri)
carpenter	ছুতোর (chutōra)
butcher	কসাই (kasā'i)
priest	পুরোহিত (purōhita)
monk	সন্ন্যাসী (sann'yāsī)
nun	সন্ন্যাসিনী (sann'yāsinī)
dancer	নৃত্যশিল্পী (nr̥tyaśilpī)
director	পরিচালক (paricālaka)
camera operator	ক্যামেরা অপারেটর (kyāmērā apārēṭara)
midwife	ধাত্রী (dhātrī)
lorry driver	লরি চালক (lari cālaka)
tailor	দরজি (daraji)
librarian	গ্রন্থাগারিক (granthāgārika)
vet	পশুচিকিৎসক (paśucikiṯsaka)

Printed in Great Britain
by Amazon

43784831R00050